「最高のビジネス人脈」が作れる

食事の戦略

Dining as a Business Strategy

スーパーコネクター
古河久人
Kogawa Hisato

JN242891

東洋経済新報社

はじめに　楽しく食事をしながら人間関係を充実させよう

「食事の力」を借りれば人脈はひとりでに広がる！

みなさんはじめまして。年間８００人近くの人に会い、**人と人をつなぐ「KIZUNA PRODUCER」として活動している古河久人《こがわひさと》**と申します。

本書では、**「食事（会食）をしながら楽しく人脈・交友関係を広げていく方法」**を紹介します。

人間関係、人脈こそは無限の価値、人生を豊かにしてくれる、最高の財産だと私は思っています。

自分ひとりの力ではどうにもならないことも、人の力があれば解決できます。自分の経験したことのない世界を垣間見ることもできます。

また人脈があることで、**さまざまな話を聞くことができます。自分ひとりでは得ること**

ができなかった知見を広めることができ、加速度的に世界が広がっていきます。

さらには**人との交流から新しい発想が生まれたり、新しいビジネスが生まれたりする**こともあります。なかでも自分が引き合わせた人同士が意気投合し、新たな活動やプロジェクトが始まるのは無上の喜びです。

でも、人脈を広げるといっても、ハードルが高いと思う方もいることでしょう。そこで**「食事」**なのです。**食事を介在させることで、誰もが笑顔になり、楽しく関係を深めることができる**のです。

私はかなりの人見知りだし、異業種交流会などで知らない人に話しかけて会話を続けるのは非常に苦手です。

しかしそんな私でも、**食事の力を借りることで、みなさんからうらやましがられる規模の人脈をつくることができました。**

私は内向的人間ではありますが、親しい人、気の置けない仲間との交流を何よりも大事にしています。

日常的に人と人をつなぎ、多くの会の幹事も自ら喜んで引き受けています。

正直、これらについての見返りを期待することはありませんでした。好きだから自然と

やっていたことですが、いろいろな方から、

「どうしてそんなに楽しくできるの？」

「面倒ではないの？」

と聞かれることがよくあります。


今回出版の話をいただいたことで、改めて自分の過去を振り返ることができました。

すると、いままで20年間、無意識にやってきたことや、メンターたちの行動を取り入れてやってきたことが、結果としてこのような交友関係をつくることにつながったのだと自信を持ちました。


これを参考にしてもらえれば、みなさんも容易に人脈をつくれると思います。

本書では、私の経験から得た**食事の力で無理なく人脈をつくる方法**を、余すことなく披露させていただきます。

何歳からでも大丈夫！

私自身、30代までは仕事の付き合いばかりで、あとは学生時代の同級生ぐらいしか交流がありませんでした。

40代半ばから、意を決して、少しずつ交友関係を広げていき、会社をリタイアしてからは自分のオフィスを立ち上げ、「KIZUNA PRODUCER」としての活動を本格化しました。

「KIZUNA PRODUCER」は、おそらく私だけが使っている肩書きだと思います。

友人でCMプランナー、ブランディングで数々の実績のある小西利行さんが、私の活動を見て「たんに人と人を引き合わせるだけでなく、その人が興味を持ったり、ステップアップしたりすることをイメージして人をつないでくれる。食の場をうまく活用して、その人とその人の『きずな』が生まれるようにつなげている人だから」ということで、名付けてくれました。

いま、日本経済は転換の局面を迎え、あらゆることでパラダイムシフトが求められています。

そういう時代だからこそ、**人が出会って才能が出合い、その結果アイデアが生まれる、そのためにはワクワクする出会い（たくさんのKIZUNA）を生み出していきたい**との意味を込めて、この肩書きを使っています。

私の人脈についての実績は、次のような感じです。

- 年間800人近い人に会う
- 一緒に食事をした人の数＝25年間で累計2万人
- この半年間ではじめて食事をした人の数＝150人
- エグゼクティブ・スピーチコーチの岡本純子さんのベストセラー『世界最高の雑談力』の中で、「スーパーコネクター」として紹介される
- 月平均5～10回の食事会を開催しているが、いつも数日で満席になる

さらに、私の現在の公私の状況は、次のとおりです。

- 見返りを求めず、好きでいろいろな方に自分の得意分野で貢献した結果、あちこちからお誘いがあり、社外取締役、顧問、理事、アドバイザーなど、団体や企業の仕事をさせていただいている
- プライベートの活動も会社員時代より充実していて、いまのほうが忙しくしている

不器用で、会話も苦手な私ですが、コツコツと続けたことで、これだけの人の輪を広げることができました。

人との付き合いが広がると、人生は劇的に変わります。私自身、人とのご縁をいただいたことで、人生の宝となる経験がたくさんできました。

ぜひ、このすばらしさをみなさんも体験してほしいというのが私の心からの願いです。

人間は変われます。

この本を読んで、**まず一歩を踏み出しましょう**。

[目次]

「最高のビジネス人脈」が作れる
食事の戦略

はじめに　楽しく食事をしながら人間関係を充実させよう　003

プロローグ

「食の力」で楽しく人間関係を広げよう

第1章
典型的な「超内向型人間」の私でも、「食の力」で「最高の人脈」がつくれた！

第2章

この「5つのステップ」で、人間関係はどんどん広がる！信頼関係も深まる！

第3章

「また会いたい」と思わせる一流のお礼メール＆SNS＆名刺活用術

第4章 ランチや個室・カウンターはどう使う？「誰と」「どの店で」「何を」食べるか「最高の会食術」

第5章 「幹事」ができたら、人間関係は急拡大する！効果絶大の「超ラクラク幹事術」

第6章

「内向型の人」でも会話が盛り上がる！ あっという間に打ち解けられる！ 「スゴい超会話術」

プロローグ

「食の力」で楽しく人間関係を広げよう

私の考える「人間関係」「人脈」とは

本書をスタートするにあたってまず、**私にとっての「人間関係」「人脈」とは何か、自分なりの定義**を説明します。

いろいろな人から**「(古河は)広い人脈を持っている」**と言っていただきます。しかし、じつは**自分では「人脈」という言葉を意識したことはありません。**ほかに適切な言葉が思い浮かばないので、本書では便宜的に「人脈」としていますが、自分では人脈という言葉はほとんど使ったことがありません。

私にとっては、**人とのつながりはあくまでも「1対1」の関係**です。**たくさんの人とつながることができているのは、あくまで「結果」**だと思っています。**長い時間をかけて、一期一会を大事に、一人ひとりとの関係を深めていった結果、多くの人とつながることができた**と思っています。

その意味では、**私にとって人脈とは「自分とつながっている人の集団」であって、決して利害関係を軸としたものではありません。**

「この人とつながっておけば仕事上で有利だろう」というような利害関係を主軸にしたつながりは、結局のところ長続きしません。
そのような**打算的な付き合い、一時的な付き合いは私の考える人脈ではありません**。

利害関係・打算を軸とした人脈は長続きしない

人生は「人脈」で救われる！

では、私にとって人間関係、人脈とは何かというと、大げさかもしれませんが、人生を救ってくれる存在、**人生を豊かにしてくれる存在**だと思っています。

自分のこれまでの人生を振り返ってみると、人生を揺るがすような大きなピンチに見舞われてどうすればよいか思案したとき、新しい仕事にチャレンジしようとして、どう手をつけていいか途方にくれていたとき、仕事で行き詰まったとき、健康に不安を感じたとき、そんなときに励ましてくれたり、手を差し伸べてくれたり、助言してくれたりして、**課題**

解決に導いてくれたのは、すべて自分とつながっている「人間関係」「人脈」の人たちでした。

人間はひとりで考えたり、学んだりすることには限界があるものです。

でも、**3人の力を借りれば、4倍の知識、4倍の人生経験を活用できます。人脈の力は計り知れないものがある**のです。

何よりも、食べることが好きな私にとって、その**楽しみを分かち合い、楽しい時間を共有してくれる人がいることで、幸福感は倍増**します。

内向型人間の私ですが、出会った際に自然に話が盛り上がる人がいます。

お互いが共感することによって、強い結びつきができるのです。これが**ケミストリー**(肌が合う、フィーリングが合う)ということだと思います。

そんな**ケミストリーの合う人と巡り合うことができるのも、大いなる幸せ**です。

人脈を得たことで**人生における喜びは間違いなく何十倍、何百倍にもなっている**と思います。

人と人をつなぐことで得られる極上の喜び

人と出会い、相手に興味を持ち、親密になると、自然と**「相手に何かをしてあげたい」**という気持ちが生まれます。

その人にとって有益な情報を提供したり、人を紹介したりすると、とても感謝してもらえます。人に貢献できるということは非常にうれしいことです。

そして相手のことをより詳しく知ると、**「この人とこの人をつなげれば新しいことが始まりそうだ」**とアイデアが浮かび、出会いを演出するようになります。

まったく違う分野の人同士が出会って話をすることで、意外に新しい発見があったり、思ってもみないような面白い展開が生まれたりするものです。

同じ業種、同じ専門分野の人間が集まって話すと、話がヨコには広がるけれど、タテには伸びていかないものです。

新しいことは、異業種の人と話しているときにこそ生まれるものです。

たとえば、実業家と芸術家をつなぐとします。

実業家にとって芸術家の話は「それはすごい発想の転換だ！」と驚きをもって迎えられるし、芸術家にとって実業家の話は「なるほど、そうやってアイデアを形にしていくのか」と新鮮に感じたりするわけです。

そこで「こういうプロジェクトを立ち上げよう」という話が始まったりします。

このようなケースを体験するうちに、これを自分のミッションとしようと思うに至りました。「KIZUNA PRODUCER」の肩書きはそこから生まれました。

自分の介在で何かが形になるのは大変エキサイティングなことであり、そこに貢献できるのは幸運なことです。

【食べることが大好きな私の人脈づくり】

交友関係が全部「仕事関係者」ばかりというさびしい現実だった30年前

ここで大変恐縮なのですが、私の自己紹介を兼ねて、どのように人脈を広げて今日に至ったかについて振り返ってみたいと思います。

私は広島県生まれ。大学入学のために上京して一人暮らしを始めたのですが、そのころから内向型性格が顕著になっていきました。誰にも何も言われないのをいいことに大学にはあまり通わず、アパートでひきこもり状態になりました。

学校に行きたくないというより、ひとりでアパートにいるのが好きだったのです。

家でとくに何かしているわけではなく、音楽を聞いたり、ラジオを聞いたり、本を読んだりしているだけ。ひとりでいることがちっとも苦にならないのです。これは、いまもあまり変わっていません。

大学卒業後は、住友生命保険相互会社に入社し、最後は執行役常務、特別顧問を経て退任しました。


30歳ごろから渉外部門に配属されたため、ほぼ毎日のように関係者と会食という生活でした。

当時は夜、一杯飲みながら仕事の話をするというのが当たり前の文化。

私が店を選んで予約することが多かったので、レストランガイドやグルメ本を買い漁っては店の情報を入手し、ここがおいしいと評判を聞くと、必ず予約して食べに行っていました。

このころワインが好きになり、ワインスクールやセミナーに参加してワインの勉強も始めました。

しかし、多くの人と**会食を重ねても、仕事の関係から発展することはなく、仕事以外の**

人脈はほとんどありませんでした。

その後、地方勤務を経て40歳で東京に戻りました。

当時は折しも、保険会社の経営破綻が続いた時期。

生命保険会社の経営体質を強化し、健全性を確保するための制度づくりを業界の中心になって奔走した時期で、プライベートで会食するゆとりもありませんでした。

人脈づくりに苦労した30～40代半ばまで

40代も半ばに差し掛かろうというころになって仕事も落ち着き、ようやく時間的に余裕ができたので、仕事以外の分野の人との人脈づくりを意識するようになりました。

一個人に立ち返ったとき、**「仕事ばかりで、自分の人生はこれでいいのかな」というかすかな不安がわいてきた**のです。

意を決して、異業種交流会的なものに参加したこともあります。

ところが**人見知りの私は、このような場でうまく立ち回ることができません**。

名刺交換をして、ひととおりの自己紹介をし合ったあとの会話が続かない。

「何を話そうか」と焦るばかりで**話が弾まないままタイムアウト**。

まして「またお会いしませんか？」とアポを取り付けるなど、まったくできませんでした。名刺はそれなりに集まったけれど、その場限りで終わってしまうのです。

あちらからお誘いを受けることも、ほとんどありませんでした。あるとしたらネットワークビジネスのお誘いなど、営業目的ばかりでした。

名刺を交換して親しそうに話し込み、ほどよいところでサッと上手に切り上げてまた次の人と名刺交換……と会場を軽やかに泳ぎ回る人が本当にうらやましかったです。

また、講演会にも参加してみました。そういう場でも講師の方に積極的に質問できる人がいますが、私は聞きたいことがあっても一切質問などできませんでした。

こういう性格ですから、仕事以外の人付き合いが広がらないのも当たり前でした。

「勉強会」を開催するも撃沈

異業種交流会が苦手ならば自分で会を主催してみようと、勉強会的なものを開いたこともあります。

当時はインターネットの勃興期。

自分もこれは勉強しなければと考え、インターネットに精通した弁護士と経済団体の知人に声をかけて3人が幹事となり、高校の同級生が経営者となっているＩＴ会社の会議室で開催しました。食事は仕出しの弁当。

当時としてはかなり先進的な内容で、メンバーも時代の先端を行っていた人も集まったのですが、**ものの数回の開催で自然消滅**してしまいました。

失敗の理由は、まず私自身がもともとアナログ人間であるため、話についていけないことがひとつ。興味はあっても好きなことではなかったのです。

また自分以外の幹事役2人が忙しすぎて、なかなか時間がとれなかったことも原因のひとつでした。

それから**決定的なこととして、食事が「ハコ弁」で、しかもお酒なしだった**ことです。**食の欲求が満たされない会は食べることが大好きな私にとって意気阻喪させられる**ものでしかなかったのです。

結局、会の内容も食事も「自分の好きなこと」でやらなかったことが最大の敗因だったと思っています。

自分が興味の持てるジャンルの勉強会でないと続かない

【内向型でも人脈を広げることができた理由】

転機は40代半ばで参加したワイン会

転機は40代半ばにありました。

とあるワインの会に誘われたのですが、その会の主催者が**麹谷《こうじたに》宏《ひろし》さんという、グラフィックデザインの世界ではとても著名な方**だったのです。

麹谷さんは無印良品の創出者の一人、「農協牛乳」のオレンジ色のコミュニケーションパックのデザインなどで有名なデザイナーです。

また、デザイン界の大御所にとどまらず、ワインと食にも造詣が深く、**どちらの業界でも一目置かれる重鎮的な存在**です。

そのワイン会には友人と一緒に参加したことで安心感もあったのですが、初参加の私にもとても居心地がよかった記憶があります。

有名な方も何人かいらっしゃいましたが、みなさんとてもフレンドリーで、はじめての私も自然に受け入れていただけました。

私ははじめて参加したとは思えないほど、その会に溶け込み、リラックスできました。自分にとって、理想的な会だと感じました。麹谷さんにも、一方的にケミストリーを感じ、「またお会いしたい」と強く思ったのです。

メンターが教えてくれた人脈づくりの重要なコツ

その会に連れて行ってくれた知人に「次回、参加するときは自分を必ず連れて行ってくれ」と熱心に頼みました。

麹谷さんが出版されている本を買ってサインをもらったり、おすすめのワインを購入したりするなど、懸命に自分をアピール。**セミナーや講演を開催されるときは時間の許す限り参加して、ご自身が主催されるワイン会や食事会に誘っていただけるように直談判**するなどの努力も重ねました。

自分の熱意が伝わったのか、時々お声がかかるようになっていきました。

麹谷さんとつながったことで、ワインの奥深さを学び、ますますワインが好きになっていきました。

麹谷さんはワイン以外にもお茶、音楽の会もされており、これらの集まりを通じて同好の知り合いを得ることができました。また後ほど触れますが、合唱団、ワイン関係の団体にお誘いをしていただき、私のネットワークは加速度的に広がっていったのです。

麹谷さんはメンターとして、私のその後の生き方を大きく変えるきっかけを与えてくれた人です。

麹谷さんの主催する会に参加するうちに、いずれはこのような会を自分でもやってみたいと思うようになっていきました。

そこで、毎回参加するたびに、幹事のふるまいや運営の仕方を注意深く観察することにしました。そして、自分がやる場合はどうすればいいか、シミュレーションもしてみました。229ページで述べるように「徹底的にモニタリング＆コピーする」を実践したのです。

幸い、会食で利用した店、おいしい店のリストは自分の中に山のようにあります。

いまこそ、これを利用するチャンスだと感じました。

メンターになってほしい方には積極的にアプローチしよう

おっかなびっくりの幹事デビュー

そこで**私はとっておきのおいしい店を選び、自分主催の「ワイン会」を開催**してみました。多少のワインの知識も味方して、参加してくれた人はみなさん大変喜んでくれました。最初のうちこそ、人集めには苦労したものの、参加者に「次の会には知り合いを連れてきてほしい」と頼むことで、少しずつメンバーが増えていきました。

そうなると人間、少々大胆になるもので、ワイン関係の会で知り合った人でフィーリングの合いそうな人、ワインの嗜好の合う人にはそれほど親しくない人であっても、こちらから声をかけるようにもなりました。

この食事会が思ってもみないほどの広がりを見せたことから、ほかにもさまざまな会を主催するようになりました。私が現在主催している会については、あとの章で詳しく述べます。

そこからは、**自分の主催する会の運営を通して、驚くほど人脈が広がっていきました。**

メンタリストDaiGoさんに言われて驚いたこと

内向型人間であった私がどのように人脈を広げてきたかについて書いてきました。

これは内向型が外向型に変わったとか、人見知りがなくなったというわけではありません。私はいまでも基本的に内向型の気質は変わっていません。

内向型の私でも人脈を広めてこられた話を友人の**メンタリストＤａｉＧｏ**さんにしたことがあります。

そこでの彼の一言がとても印象的でした。

「古河さんは自分の知り合い中心に集めているでしょう。誰でもいいから誘っているわけではないですよね。自分の知っている人が参加しているので心理的安定性を確保しているから、たとえ参加者が１００名になっても開催できているんですよ」

と言われて、ハッと気づきました。

たしかに私は初対面の人を誘うことはあまりなくて、知っている人に声をかけて、本人とその知り合いに参加してもらうことがほとんどです。

外向型人間は、どんどん新しい人を開拓して、ワイワイと楽しく人の輪を広げていくことができるのでしょうが、内向型人間はそういうことが苦手です。

でも、**内向型人間は、内向型ならではの人脈の広げ方**があります。

私の場合は、**「親しい人から知り合いを紹介してもらい、会を通して人脈を徐々に広げていく」**ことだったのです。

内向型人間にふさわしい人脈の広げ方がある！

内向型こそ、人間関係を充実させよう

ハーバード大学が80年以上にわたり、２０００人以上を追跡調査した研究で、「健康で幸せな人生を送るために必要なものは人間関係である」との結論を出しています。

内向型人間も幸せな人生を送るためには、人間関係の充実が必要です。

私の場合は、仲のいい人との会によって、人間関係を充実させることができたのです。

「自分は内向的だから人脈なんて縁がない」という人でも、**自分の知り合いを集めて楽しく会食して、徐々に知り合いの紹介で仲間を増やしていけばいい**のです。

誰しも好きなことや得意なことがあると思います。**難しく考えなくても、自分の好きなことをフックにして自分が幹事役となって人を集めればいい**のです。まずは2〜3人から始めましょう。

私の場合は、ワインが好きなので、ワイン会を開催することから始めました。**好きなことだから、話題に困るということもないし、自分がしゃべらなくても好きなジャンルの話なら聞くだけで楽しい**ですよね。

内向型の人は「自分が幹事となって人を集めるなんてできない」と思うかもしれませんが、「幹事」をやるのは、それほど大変なことではありません。後述しますが、幹事をやることのメリットはたくさんあります。

内向的な人ほど、幹事をやるべきです。

最初は複数の幹事を設け、役割分担し、人集めは外向的な知り合いのネットワークに頼り、自分は運営関係を請け負えばいいのです。

ただし、どんな人を集めるか（会のコンセプトに大きく影響します）は、事前に幹事間で話し合って決めておくことが必要です。

幹事は思い切ってやってみればとても楽しいし、自分の世界が広がって、大げさな言い方をすれば人生が変わります。

幹事を通して、人生におけるかけがえのない人とつながることができるし、いっそう有意義な人生を送ることができます。

本書では幹事のやり方についても詳しく紹介していきます。「いままでやったことがない」という人でも大丈夫です。

内向型人間こそ幹事をやって人脈を広げよう

第1章

典型的な「超内向型人間」の私でも、「食の力」で「最高の人脈」がつくれた！

人脈の価値は「プライスレス」

本章では私が人脈を通して経験できた奇跡的なこと、人脈によって人生を救われた話、心に残るエピソードを述べていきます。

決して自慢したいわけでも何でもなく、地味な一会社員にすぎなかった人間が、**人脈を通してこれだけ豊かな経験ができたという一例**として読んでいただければ幸いです。

その1　奇跡のケミストリーが生み出した「獺祭 島耕作」

「獺祭《だっさい》」というお酒はみなさんご存じだと思います。日本のみならず、世界的にも大人気のお酒です。

山口県の酒造元・旭酒造の3代目の桜井博志さん（現会長）は、売り上げが大きく落ち込んで廃業寸前だった旭酒造を立て直し、獺祭を開発した立役者です。

私は桜井さんと十数年前に知り合い、以来親しくしています。

あるとき、桜井さんと話していると**「（漫画家の）弘兼憲史さんとは同じ山口県岩国市の出身なのだけど、まだ一度もお会いしたことがない」**とおっしゃるのです。

私は弘兼さんとも20年ほど前から交友があったので、「それならばぜひご紹介させてください」とお二人を引き合わせた経緯があります。

桜井会長と弘兼さんは同郷のよしみもあってたちまち意気投合し、その縁から**島耕作が獺祭をモデルとした「喝采《かっさい》」造りに挑戦するというエピソードも生まれました（『会長 島耕作』）**。

2018年、西日本豪雨が起こり、山口県岩国市にある旭酒造の本社も大きな被害を受けるという大変なことが起こりました。被害総額は15億円にものぼったそうです。

とくに難題だったのは、仕込み中のタンクに残った50万リットルものお酒だったといいます。

停電していた3日間、温度の管理ができていなかったため、通常の獺祭の品質基準には届かず、出荷ができないというのです。

でも、私などが飲んでも全然違いがわからなくて、十分においしいお酒なのです。

そこで桜井会長が考えたのは、**このタンクに残った獺祭を「復興酒」として販売し、売り上げの一部を義援金として寄付することで、復興に役立てたい**ということでした。

その話を聞いた弘兼さんはすぐに、**「それならば島耕作の名前を使っていいですよ！」**と申し出をされたのです。

そうして出来上がったのが、**奇跡のコラボ「獺祭 島耕作」**です。

このお酒は発売すぐから大きな話題を呼び、58万本がたちまち完売してしまったのです。

桜井会長には**「この酒は、古河さんが私と弘兼さんとの縁を取り持ってくれたからこそ生まれた」**と言っていただき、感激もひとしおでした。

本件でもそうですが、桜井さんからは決断力とプラス思考の重要性を学ばせていただきました。

私も「世界一のレストランに獺祭を持ち込んでペアリングを頼んでみませんか？」など、いろいろな思い付きを提案しましたが、いつも、「それ面白いですね。やりましょう！」と返ってきます。懐の深い経営者だと尊敬しています。

その2

人生のつらい時期を救ってくれた、わたせせいぞうさんの漫画

会社員時代、私が本当に苦しかったときに救ってくれたのが、**漫画家のわたせせいぞうさん**です。

わたせさんとは、ある男声合唱団でお会いして以来、親しくしています。

私にとってはもう兄のような存在で、よく食事しながら、社内の人間関係の悩みごとや愚痴を聞いてもらいました。

都会の大人のラブストーリーの名手として知られますが、かつては損害保険の会社に16年務めた方です。ご自分の経験をもとに、いつも的確なアドバイスをもらいました。

会社員時代、私はひどく気分が滅入っていた時期がありました。

会社員を長くやっていれば誰でもあることかもしれませんが、当時は同期に出世で先を越されたり、当時の上役と対立して、関係がギクシャクしたりして、毎日をうつうつとして過ごしていました。社内では「古河は左遷されるらしい」というウワサがまことしやか

に流れていました。

それもあってつい、わたせさんに、「会社を辞めたい」とボヤいてしまったのです。

すると、**わたせさんは当時連載されていた漫画に、私のことを登場させて、さりげなく励ましてくれた**のです。

「上司はあなたのことをちゃんと見ているよ。あえて厳しい人事をすることもあるのだよ」というありがたい内容でした（『北のライオン』第3巻に収録されています）。

あの漫画を読んだときの感激は忘れられません。涙が出るほどうれしい出来事でした。

その漫画を読んだ私は、「もう一度がんばってみよう」と奮起することができました。

その結果、上役との関係も最終的に改善することができました。

まさに、**わたせさんに人生を救ってもらった**と思っています。

エピソード

わたせせいぞうさんと日本料理の名店

神楽坂に「懐石　小室」という、すばらしい日本料理の店があります。ミシュラン2つ星を獲得したこともある名店です。

ここに食事に行ったとき、ふと見ると、わたせせいぞうさんの絵が飾ってあるではありませんか。聞けば、店主の小室さんがわたせさんの大ファンだというのです。

それならばと、後日わたせさんをお誘いして、小室に伺いました。

まあ店主の喜ぶまいことか。その後も小室に行くたびに感謝の言葉をいただきます。

その3

夢だった出版が叶った！岡本純子さんのスーパー紹介術

本書の出版の道を切り開くことができたのも、人との出会いによるものです。

「はじめに」で私が岡本純子さんの著書の中で**「スーパーコネクター」**と紹介していただいた話をしましたが、その本の出版パーティーに私も呼んでいただきました。

30名程度の小規模の会で、参加者は全員知らない人。

15人ほどと名刺交換をしましたが、**人見知りの私は例によって、初対面の人と話が弾まず、再面会の約束もできませんでした。**

そんな中、**唯一、初対面なのに、気楽に話をすることができる人**がいました。

それが、**本書の編集を担当してくれた中里有吾編集長**でした。

あとから聞いたら**ベストセラーを連発している業界では有名な方**とのことで、すごいセレンディピティだと思います。

中里さんから「古河さんの本を企画したい」と言ってもらえたときは、天にも昇る喜びでした。

これも、**岡本さんがみなさんの前で私のコネクト実績を大いに持ち上げて紹介してくれたおかげ**だと大変感謝しています。

その4 コロナ禍の医療従事者の力になりたい！一流シェフたちの「魂の弁当」

新型コロナウイルスが猛威を振るっていた最中、医師や看護師など医療従事者の方々の献身的な仕事ぶりがたびたび報道されました。

多くの医療従事者が家にも帰れない状態で病院や車に寝泊まりしながら、最前線で懸命に仕事をされていました。

食事はコンビニの弁当などで済ませる人も多かったようです。少なくともみなさん、ちゃんとした食生活などできていなかったと思います。

そんなとき、**ある有名なシェフから相談**を受けました。

そのシェフは**「医療従事者のみなさんの力になりたい、おいしい食事を提供したい」**という思いから、**何人かのシェフ仲間でつくった弁当を病院に届けよう**というプロジェクトを発案されたのです。

そのシェフはもともとサステナビリティに力を入れておられ、私も自然保護活動に取り組む「ＷＷＦジャパン」の理事をしていることもあり、意気投合したという経緯がありました。

しかし、当時はいわゆるロックダウンの状態で、病院は外部から遮断されていました。何かを持ち込むことでウイルスが侵入し、病院にクラスターが生じることになったら大変だということで交渉が難航していました。

そこで**「自分たちの熱意を先方に伝えたいが、どうしたらいいか」**と相談を受けたのです。

そこで私は受け入れ先の病院を探すべく、奔走することになりました。

いくつかの大学病院に教授の知り合いがいたので、仲介を頼んだところ、「そういうことならぜひ！」と病院内で調整してくれて、「一流シェフの弁当配食」が実現しました。

予約のとれない店、ミシュランの星を持つ一流シェフのつくる弁当ですから、それはもう、みなさんに歓迎されたことはいうまでもありません。

病院からは若い医師さんや看護師さんが喜んで食べてくれている写真が送られてきました。

私が何より感動したのは、シェフたちの心意気でした。

当時、シェフたち本人も大変な状況に置かれていました。いくら予約のとれない人気店、ミシュランで星をとるような名店であっても、ロックダウンで店が開けられない状態です。従業員も抱えているし、**本人たちも明日はどうなるかわからない厳しい状況**だったはずなのです。

それなのに、**「医療従事者の役に立ちたい」という強い思いを持って行動されたことに心が動かされました**。

医療従事者のみなさんを物心両面から励ました、一流シェフたちの「魂の弁当」。

その一翼をほんの少しでも担えたことは、私にとっても大きな誇りです。

その5

人脈がつないだ大手外資系会社との奇跡のコラボ

保険会社に勤めているときのことです。

ある保険商品の企画が持ち上がったのですが、この商品は大手外資系会社との提携が必要なものでした。

ところが、この提携交渉が難航していました。先方の窓口が、システム上の制約などを理由に首をタテに振ってくれないというのです。

そんな折、**私の友人がなんとその会社の社長と元同僚で、いまも大変仲がいい**という話を聞いたのです。

それを聞いて早々に、相手の会社の社長との3人での食事会をセットしてもらいました。

その席で商品について、**相手の会社には相当のメリットがあり、逆にデメリットはほとんどない旨を説明**したところ、「そんないい話であればぜひ実現させたい」と、その場でOKを出してくれました。

食事会の翌日には、この話を進めるよう担当部門に指示してくれて、早々に提携が実現

したのです。

この3人の食事会は、いまでも続いています。

相手方の社長はこのときのことを、いまも感謝してくださっています。逆に私のほうもプライベートな面で相談にのってもらうなどの付き合いが続いています。

なお、**この商品はその後も売れ行き好調で、いまではメインの商品のひとつ**となっています。

第2章

この「5つのステップ」で、人間関係はどんどん広がる！信頼関係も深まる！

誰でも無理なく人脈を構築できる5つのステップ

この章では、**人脈を広げるための実践論・心構え**について解説していきたいと思います。**内向型で人付き合いが苦手な人、まったく人脈がない状態の人であっても、少しずつ無理なく人脈を広げていけるよう**、自分の経験を踏まえ、次の5つのステップに分けて詳細に説明します。

ステップ1	まずは「出会いの機会」を広げつつ、準備を整える
ステップ2	「名刺」「自己紹介」で自分を上手にアピールする
ステップ3	一歩踏み出して「個人的な関係」をつくる
ステップ4	「幹事」を引き受けてみる
ステップ5	「自分の会」を主催する

では早速、ステップ1から始めましょう。

ステップ1

まずは「出会いの機会」を広げつつ、準備を整える

【出会いを引き寄せるための5つの心得】

5つの心得 1

「幅広く」「長く」付き合う

人付き合いというと、どうしても気の置けない同年代で集まりがちですが、**年上、年下を問わず、幅広い年齢層と付き合うことをおすすめ**します。

次は、私が考える年代ごとの特徴です。

- 20～30代 新鮮な考え、物の見方をしている年代
- 40代 管理職になり、視野が広がっていく年代。専門知識が豊富
- 50代 社会的な地位も備わり、経験も豊かになってくる年代

●60代　与えること（ギブ）が喜びになってくる年代

幅広い年代と接すると学び・実りが多いものです。

年下・年上を敬遠せずに、気軽に付き合ってみましょう。

それから、人付き合いは**「長い付き合い」を意識することも大事**だと思います。

人脈とは一朝一夕にできるものではありません。最低でも3年は必要です。**簡単につくった人脈は簡単に崩れます**。

でも、**地道に積み重ねて10年経ったら、すごいこと**になります。

実際、私もコツコツとやってきて10年経ったころに、思わぬ人から、

「そういえば、君、この分野に関心を持っていたけど、こういうことをやってみない？」

などとありがたいお声がけをいただき、**人脈の力をひしひしと感じました**。

本書では慣れてきたら「自分の会」を開催することをおすすめしています。

この会も5年継続すればメンバーが充実してきます。さらに10年続ければ「こういう人に入ってほしい」という人材が入ってくるようになります。

時間の経過とともに**初期からのメンバーも社会的地位が高くなっているし、それによっ**

て人脈もまた段違いに広がっていきます。

さらに相乗効果で会も大きく充実していきます。**年月の力は大きい**です。

また私の場合、前述のように人脈づくりを意識して始めたのが40代半ばからです。

そんな遅いスタートでも10年、20年と積み重ねることで、ここまで人脈をつくることができました。

「人脈づくりは何歳からスタートしても決して遅くない」ということは私の経験から断言できます。

人脈づくりのコツ

人脈は簡単にはできない。コツコツと積み重ねたものがやがて大きな実りとなる

コラム

誰もが「自分の先生」

のべ2万人と食事をした経験から思うのは、「誰もが自分に持っていない何かを持っ

ている」「誰もが自分の先生になりうる」ということです。

長年会社員をやってきた自分とはまったく違う人生を送ってきた人、「そんな仕事があったのか」というような、自分には想像もつかない仕事をしている人など、世の中にはいろいろな人がいるものです。

内向的な人はそういう人を前につい気後れして「この人と話しても話が合わないのではないか」「話についていけないかもしれない」と敬遠してしまいがちですが、「この人にそのジャンルのことを教えてもらおう」「この人から学ぼう」と考えれば、気がラクになるものです。

5つの心得 2

発信する・公言する

人脈を構築したいなら、**「自分から発信すること」**は大事だと思います。

折に触れて相手との接点を持ち、自分の近況報告、いま何に取り組んでいるか、何に関心を持っているかなどを発信してみましょう。

向こうからの発信を待つのではなく、こちらからまめに連絡するのです。

それから、相手の会社の近くに用事があるときは、**「近くに行くので、ちょっと10分ほど会いませんか？」**と相手の会社を訪問するのもいいと思います。

もちろん、相手によっては仕事に関係ない人の訪問はNGということもあるでしょうが、相手が比較的自由のきく職業だったり、あるいは部長や役員などの管理職であれば、短時間なら面談は可能です。

また**「こういう人と知り合いになりたい」「こんな会に参加したい」**という願望があれば、そのことを口にするのも大事です。

それによって、声もかかりやすくなるものです。

5つの心得 3 勇気をもっていろいろな場に出てみる

最初はいろいろな機会をつかまえて参加してみることをおすすめします。

たとえば、「異業種交流会」「ワインの会」「日本酒の会」「知人主催の食事会」「趣味の同好会」「知人の紹介の小さな会」など。

ただ、内向型はこのような会に出ても、最初は十分な話ができない可能性があります。

できればひとりでは行かず、同じ趣味を持つ知り合いと一緒に行くことをおすすめします。あらかじめ顔の広そうな人、関係のありそうな人に「こういう集まりがあったら声をかけて」と頼んでおくのもいいと思います。

そうやっていくつかの会に出てみて、その中で心底楽しめる場があったら出席を重ねてみましょう。

思い切って自分の興味のある集まりに顔を出してみる

5つの心得

4 「相手に貢献できることはないか」と常に考え、行動に移す

自分の得意分野で相手に何か貢献できることはないか、相手に有益な情報を提供できないかなどを常に意識します。

相手との会話の中で相手の関心事項、困っていることを聞き出す努力をして、それがわかれば、

「私はこういうことならお力になれます」

「こんな情報がありますよ」

と相手に提供します。

あるいは、自分の専門を活かして、

「私はこういう分野に強いので、何かあったら協力します」

「この分野で紹介してほしい人がいたら遠慮なく言ってください」

と告知しておくのもいいと思います。

相手との信頼関係ができるまでは、こちらからのお願いは極力控えましょう。私は無意識なところもありますが、ずっとこのスタンスでやってきました。

すると、このような関係が続いたあとに、先方から思いもよらず、

「あなたが得意そうだから」

「解決してもらえると思って」

といろいろな仕事のオファーが来ました。

人脈を評価していただいたとともに、頼みごとを積極的にしなかったことで、信頼してもらえたのだと思います。

5つの心得

5 「忙しい」「時間がない」と言わない

これはじつは意外に大事なことです。**「忙しい、忙しい」と言っている人には声をかけづらい**ものです。

私も最近、このことは身をもって痛感しました。

というのも、このところ、いろいろなことが立て込んでいて、つい「忙しい、忙しい」「時間がない」と口にしてしまっていたのです。

すると、**テキメンに声がかかる回数が減った**のです。

「こういう集まりがあるけど、どうせあいつは忙しいから来ないだろう」「あいつに頼みたいけど忙しいから悪いよな」と思われてしまったのでしょう。

これが続くと、必然的に付き合いの輪は狭くなっていってしまいます。

だから、少々忙しくても、**「俺はヒマだから声かけてよ」「何かあったらやるんで、何でも言ってください」と言っておくことが大事**です。

それを続けていくと「時間があるならどうですか？」「こういうことに興味があるなら一緒にやりませんか」と声がかかるようになっていくものです。

「忙しい、忙しい」と言わない！

エピソード

6人たどれば会いたい人にたどりつく！

「6次の隔たり」という有名な学説があります。

アメリカの社会心理学者スタンレー・ミルグラムが行った実験がもとになっていて、「6人を介せば世界中の誰とでも知り合いになれる」という理論です。

「こういう人に会いたい」「こんな人とつながりたい」という人がいたとすると、その人は6人たどれば必ず会うことができるのです。

たとえばアート関係の人を探したいと思っていたら、全然アートとは関係ない仕事をしている人が「以前にアート関係の人と仕事をしたことがあるから、その人を紹介する」という話になることもあります。

だから、「こういう人に会いたい」「こういうことに興味がある」という人がいたら、まわりの人に折に触れて伝えておくことが大事です。

私自身も「会いたい」と思っていた人が、たまたま友人の田舎の中学時代の部活仲間だったということがありました。

【メンターに学ぶ&豊富な人脈を紹介してもらう】

メンターとは？

「メンター」とは、人生における優れた指導者のことです。

憧れの人、尊敬する人であり、**自分を成長させてくれたり、視野を広げてくれたりして、**

人生を大きく変えてくれる恩人を指します。

自分がこれからどんな人生を送りたいか、そのために、いま不足しているものは何かを考えるとき、メンターはそこを補い、理想の人生実現に力を貸してくれる人だと思います。

大きな成功を得た人、たとえばアップルの創業者スティーブ・ジョブズ、Ｇｏｏｇｌｅの創業者ラリー・ペイジにも何人かのメンターがいました。

幸いにも、私にも何人かのメンターがいます。

本書に登場する方たちもメンターと言えます。

メンターとなる人は、みなさん人間的な魅力のある人だと思います。その人のまわりにも、すばらしい人が集まります。

メンターを通じて、それらの人ともつながることができます。

まだメンターのいない人は、意識してメンターを見つけて、その力を借りましょう。

メンターを探そう

では、メンターはどのように探せばいいでしょうか？

まずは**意識して、いろいろな人と会っていると、「この人にメンターになってもらいたい」と思う人と巡り合うことができる**ものです。

その人とケミストリーが合えば、思い切って、懐に飛び込んでみましょう。

ネット、本で興味を持った人がいれば、その人の講演会、交流会に参加してみます。その際に本書で紹介する効果的な名刺交換、自己紹介をして、教えを請いたいことをアピールします。そして本書に書いたような手順をこなしながら、1対1の関係をたぐり寄せるよう努力します。

また、知り合いなどに**「○○さんとつながりたい」と自分から公言するのも効果的**です。

63ページの「6次の隔たり」を信じていろいろな人に会う努力をするといいと思います。

メンターには偶然出会うこともあるでしょうし、意外と身近にメンターがいる可能性もあります。

一人ひとりとの出会いを大切にしていけば、必ず自分のメンターに巡り合うことができるはずです。

また、メンターは「人」だけでなく**「本」**でも構いません。**自分の生き方を変える本に出合うという方法**もあります。

メンターとの関係を深めるコツ

メンターと1対1の関係ができたら、会う機会を極力増やし、徐々に信頼を得ながら、**「あなたのようになりたい」**とアピールします。

とくに、内向型のタイプは手間と時間をかけて、相手に認められる存在になったほうがいいと思います。その間は、自分の得意な分野でメンターの役に立つことを心がけます。

私の場合、有名人も含めて多くの人に好評なのが、

「とっておきのおいしい店にお連れする」

「おいしい店の情報提供をする」

などです。また、**メンターの役に立つような情報を提供したり、メンターの求める人を紹介**したりします。

こうして、メンターとの間に信頼関係が出来上がったら、こちらからもなにがしかのお願いをしてよいと思います。

また、ここまでくれば、メンターから人を紹介されたり、自分のやりたいことへのアドバイスをしてくれたりすると思います。

メンターはたいてい成功者であり、（潜在的に）**誰かを支援したいと思っている人が多い**です。喜んで教えてくれると思います。

またメンターも最初から成功したわけではなく、いろいろな失敗を経験した結果として成功があるはずです。

それを学ぶことで失敗を回避し、成功の近道を見つけることができます。

メンターのおかげでVIPの人脈が増えた！

33ページに登場した**麹谷宏さんも、私の人生に大きな影響を与えてくださったメンターのひとり**です。

自分で会を主催するきっかけをつくっていただいた人ですし、ワイン、フランス料理の奥深さを教えていただいた恩人です。茶道を中心に日本文化、アートの道先案内人でもあります。

麹谷さんからは**人生の楽しみ方**を教えていただきましたし、お誘いいただいた食事会、合唱団を通じて、さまざまな文化人、ワイン愛好家、グルメな人など、たくさんの友人をつくることができました。

ほかにも、麹谷さんのおかげでボルドーワインの魅力を伝えるアンバサダーである**ボル**

ドーの騎士（コマンドリー・ド・ボルドー）、またシャンパーニュ騎士団にも叙任されました。

メンターは人脈づくりのブースターとなる

【内向型人間もすんなり溶け込める！「異業種交流会」攻略法】

異業種交流会は内向型人間の鬼門

人脈を広げる目的で開かれるのが異業種交流会。

しかし、これが**内向型人間にとっては、なかなかハードルの高い会**です。

先に述べたように、私も人脈を広げようと何度か参加しましたが、最初はまったくうまくいきませんでした。

しかし、そのうちになんとなくコツをつかめるようになりました。

まず、異業種交流会に参加する人は一般にビジネスに関連する人脈が欲しいとか、自分の商品を売り込みたいという人が多いかと思います。

もちろんそれが悪いとか、いけないというわけではないのですが、そういう人たちと話しても、個人的な付き合いに発展するのはちょっと難しいです。

ポツンと立っている人を狙う＆ひとりでは行かない

そのうえで、内向型人間は異業種交流会をどう攻略すればいいのか。

会場を見渡して、**ポツンと所在なさげに立っている人がいたら、「お仲間」の可能性大です。思い切って話しかけてみましょう。**

ビジネス目的の人は忙しく立ち回っていますから、ポツンと立っている人はビジネス目的でないことが多いです。

話してみると、何かしら自分との共通点が見つかるものです。趣味が同じだったり、住んだことのある場所が一緒だったり。そこを手掛かりに話を広げることができます。会話については222ページを参照してください。

もうひとつのポイントです。異業種交流会には内向型人間は極力、友人を誘って参加しましょう。苦手な自己紹介も同伴者が「古河」はこんな人ですと言ってくれれば、相手との距離をつめることができます。

同伴者が社交的な人なら、いろいろな人に声をかけてくれ、自分に合う人を見つけてくれます。

異業種交流会は名刺を集めることが目的ではなく、2〜3人と話ができればそれでいいと割り切ることも大事だと思います。

その意味でも最初は大規模な会ではなく、小規模の会のほうが参加しやすいと思います。

異業種交流会では「ポツンと立っている人」が狙い目！

コラム

「社内人脈」「社内の人」との付き合い

仕事というものは当然ひとりではできないものです。また利害の対立する部門間の調整などの仕事を遂行するうえでも、社内人脈は非常に重要です。

社内の付き合い方もとくに社外と違いがあるわけではなく、本書で書いていることを実践すればいいと思います。

むしろ、レガシーなど同じベースのある社内のほうが、社外より容易に人脈をつくれると思います。

また、社内にもメンターは必要です。

私も会社員時代、社内にメンター的な存在の人がいました。その方々がいなければ、役員になれなかったというほど、大きな存在でした。

その中のひとりはポストの前任、後任という関係で出会った人に教えを請うことからスタートしました。その人とはケミストリーが合い、よく飲んだものです。のちに上司、部下という関係になり、長く続きました。

このメンターには何でも相談したし、いくつかのピンチを救ってくれたこともあります。こちらも思ったことは口にし、何でも話しました。内向型の私でも率直にものを言える雰囲気がある人でした。

私の場合は、それほど社内人脈を多くつくってきたわけではありませんが、定期的に食事会をする人が何人かいました。

仕事でトラブルが起こったとき、難題にぶつかったときに助言をしてもらったり、彼らの持つ人脈を解決に利用させてもらったこともありました。

ステップ2

「名刺」「自己紹介」で自分を上手にアピールする

【誰も知らなかったすごい名刺術】

内向型人間にとって名刺は最強のお助けアイテム

はじめて会に参加するときに自己紹介をすることが多いのですが、この**自己紹介は人脈を構築するために非常に重要なポイント**となります。

というのも、ここが**相手との距離を縮められるかどうかの分かれ目**となるからです。

この自己紹介の大きなアシストをしてくれるのが**「オリジナル名刺」**です。

内向型人間は初対面の人と話すきっかけがつくれなかったり、勇気をもって話しかけても話が途切れたりしがちなものですが、**オリジナル名刺はそこをカバーしてくれる**のです。

私の場合、「KIZUNA PRODUCER」という肩書きの名刺を渡すと、だいたい「どんな人をつなげたのですか?」と聞かれます。

そこで獺祭の桜井会長と弘兼憲史さんをつないだことで「獺祭 島耕作」が誕生した話をしたり、人をつなぐためにいろいろな会を主催していることを話したりします。

1枚の**名刺から話が広がっていく**ので助かります。

これが**会社の名刺だと、「会社のイメージ」で判断されてしまうことが多い**ものです。

私も勤めていたときは会社の名刺を渡していたことがありましたが、

「保険会社ですか、お堅い会社ですね」

「私は保険は結構なので……」

などと言われて、そこから話が続きませんでした。また会社の名刺では、自分のプライベートなことを話すきっかけにはなりません。

ですから、会社の名刺とは別に「オリジナル名刺」をつくっておくことをおすすめします。

「自分はこういうことをやっている」

「こういう人間です」

「こういうことに興味を持っています」

とアピールできる名刺、相手の興味を引く名刺、「これは何ですか？」と思わず聞きたくなる名刺があると、そこから自然と話が弾むので非常にラクです。

名刺のすごいパワー

私も受け取って感心した名刺はたくさんありますが、一例を挙げると、**「マチェドニア評論家」**という名刺を持っておられた人が印象に残っています。

マチェドニアとはイタリアのデザートで、いろいろなフルーツを盛り合わせたものだそうです。イタリア版フルーツポンチといったところでしょうか。

日本ではあまり一般的に知られていませんから、この名刺を出されたらほとんどの人が「マチェドニアとは何ですか？」と質問します。

そこで、その人は「マチェドニアはこれこれこういうもので……」と説明されるのですが、そこからイタリア料理やイタリアンレストランの話に発展して、誰とでも話が弾んでいました。

「食」はみなさん興味のあるところですから、これもすばらしい名刺術だと思います。

それから**「〇〇観光大使」「〇〇観光アドバイザー」などの肩書き**が書かれていたり、**本を出している人なら「本の書影」**を入れている人もいました。

これらも自然とその話題で盛り上がります。

「自然と話が弾む」名刺とは

肩書きといっても、何も立派なものである必要はまったくありません。

「自分の好きなこと」「趣味」「取り組んでいるボランティア」「愛読書」「座右の銘」「好きな本」「作家」「アーティスト」など、自分が人に語れるものであれば何でもいいのです。

「バイクのツーリングが趣味」とか「広島カープファンです！」「清水エスパルスを応援しています」といった具合です。

写真が趣味の人なら、自分のベストショットを裏面に記載してみたらどうでしょうか。

写真好きな人は、関心を持って質問すると思います。

自分の似顔絵を印刷している人もいました。これも渡すだけで「似ていますね！」「誰かに描いてもらったのですか？」などと、話に花が咲きます。

猫を飼っている人なら飼い猫の写真を入れるのもいいでしょう。猫好きな人は多いですから、それだけで盛り上がることも多いです。

名刺は小道具。楽しく使おう

猫といえば、こういう人もいました。

表が猫、裏が犬の写真の入った名刺を持っていて「犬派ですか？　猫派ですか？」と聞いて、**相手が「犬派」と答えたら犬の面を表にして差し出し、「猫が好きです」と答えたら猫の面を差し出す**のです。

これもそこから話が広がっていく楽しい名刺術です。

さらに「いくつかの色の名刺」を持っていて、「どの色がいいですか？」と聞いて、相手の好みの色を渡す人もいました。

ＩＴに疎い私はできませんが、今時は名刺も簡単にプリンターで自作できます。業者に頼んでつくるにしても、かなりリーズナブルな価格でできます。

名刺も小道具と考えて、楽しんで準備されてみてはいかがでしょう。

人脈づくりのコツ

名刺１枚から話が無限大に弾む。内向型人間は名刺に助けてもらおう

【「質問攻め」間違いなし！ ワンランク上の自己紹介術】

人が集まってくる自己紹介術とは

人脈づくりを進めていくときに必要となってくるのが「人前での自己紹介」です。

この自己紹介、内向型人間は苦手な方が多いと思います。

しかし自己紹介こそ、内向型人間がラクに人脈をつくることができる重要なポイントです。

「この人と個別に話したいな」と思ってもらえる自己紹介、あとから人が寄ってきて質問されるような自己紹介をあらかじめ準備しておきましょう。できれば笑いのとれるエピソードを盛り込むとベターです。

自己紹介といえば、よく**仕事の話をされる人**がいます。

これは、あまり**感心できません**。同業者以外の方はあまり関心を持たないと思います。

もちろん仕事の話でも、みんなが興味を引くものや感心するような強いエピソードがあればＯＫです。

ここまでハードルを上げてしまって自分でも冷や汗が出ますが、次は私の自己紹介の一例です。

> 私の名前は「古河」と書いて「コガワ」と読みます。名刺にカナを振ってありますが、たいていの方は「フルカワ」さんか「コガ」さんと呼びます。
> いまから59年前の小学校の入学式で「フルカワ」君と呼ばれ、訂正もできず、手を挙げたのがいまでもトラウマになっている、気の弱い「コガワ」です。よろしくお願いします。
> いまは、「KIZUNA PRODUCER」の肩書きで活動しています。
> 人と人をつなげることで、世の中をいまよりもハッピーにしたいと思っています。
> シリーズ20万部のベストセラー本で「スーパーコネクター」と紹介してもらいましたが、本当は内気な「コガワ」ですので、今日は、みなさんのほうから声がかかるのをお待ちしています。よろしくお願いします。

まずは**聞く側に何をインプット（記憶に残してもらう）するか**を考えましょう。

私の場合は、たいてい間違えて言われる名前の古河《こがわ》です。

そのため、自己紹介の中に、3回も「コガワ」を盛り込んでいます。また「KIZUNA

PRODUCER」という肩書きも強調しています。

もうひとつのポイントは、自分の実績や成功事例をさりげなく伝えることです。押しつけがましかったり、自慢と思われるようなエピソードは控えましょう。

私なら、**自己紹介用に自分をアピールするキャッチコピーを考えておく**のもいいと思います。

- 25年間で2万人と食事をした男
- 食べることが大好きです。おいしいと聞くと、必ずその店に足を運びます
- おすすめできる店は200店を超え、まわりからは「ミシュラン」をもじって「コガシュラン」と言われています

といったようなフレーズの「キャッチコピー」を使っています。

自己紹介でつかもう。人が集まってきて質問攻めにされるような「印象に残る自己紹介」を準備しておく

好感度が急上昇する紹介術

自己紹介ではなく、自分の知人（第三者）を紹介する場合も、**印象に残る紹介の仕方をする**ことが大事だと思います。

たとえば私が主催する会で、どなたかを紹介する場合は、**その人をさりげなく持ち上げつつ、自分とその人のエピソードを盛り込む**ようにしています。

その場のみなさんがその人に親近感を持ってくれるし、その人自身も「あの話を覚えてくれていたんだ！」と感激してくれます。

私の場合も192ページで述べるように、弘兼憲史さんがみなさんの前で**「古河さんが桜井会長と僕をつないでくれた」**と紹介してくれたことがあります。

そのときは、**まわりの人の反応がすごかったです**。

自己紹介を印象的なものにする「自分の強み」

「自己紹介といっても、自分には大々的に発表できるものがない」

「魅力的な自己アピールができる自信がない」

と思われる人もいることでしょう。

そのような場合は、次の「自分の強み探し」をしてみるといいと思います。

▼自分の「強み探し」をしよう

①自己分析
昔を振り返ってみよう
何が好きだったか？　何をしているときが好きだったか？
自分が好きなことは何か？

②他己分析
思い切って、親しい友達、自分をよく知る人に自分の強みは何か、聞いてみる
誰でも意外と自覚していない強みがあるもの。他人から教えてもらうことで、その

ことに自信が持てます。

強み探しをすることで、**自分も知らない自分の一面**を知ることもできます。

ぜひ試してみてください。

自己分析でも他己分析でもこれという強みが見つからなかった場合は、どうすればいいでしょうか？

その場合は、**自分が興味があると思ったことを深掘りしてみる**のがいいと思います。

まず、興味のあることについて入門書を2冊ほど読み、ネットでも調べてみてあたりをつけます。その後、専門的な本を10冊読んでみます。その中で興味を持ったこと（できれば、世間にあまり知られていないこと）を集中して勉強するのです。

そのことに詳しい人を見つけて、話を聞くのもいいと思います。

コツは**「自分はこの分野に詳しい」と公言してしまう**ことです。それによって、自分を追い込み、さらに研鑽を積むことができます。

ここまでやれば、立派な強みになります。

自分の強みが持てたら、それを取り入れて自己紹介を組み立てていきましょう。

ステップ3

一歩踏み出して「個人的な関係」をつくる

【1対1の関係を発展させるコツ】

1対1の関係づくりに持ち込む

新しい人と知り合いになったら、その人と話してみて**「個人的な関係」づくり**を試みます。

ここで重要となるのは、**積極的に質問をして「相手の情報」を収集する**ことです。

内向型人間は得てして、相手からの質問には答えるけれど、こちらから質問をすることは苦手だったりします。

しかし**内向型であるからこそ、質問をすることが大事**です。

なぜなら、**質問をすることで「あなたに関心があります」というサインになるし、そもそも相手にたくさん話してもらったほうがラク**だからです。

いま興味のあるものは何か、出身地、居住地、趣味、家族、過去の勤務地など、いろいろ聞いてみましょう。ただし、このようなことは機微情報でもあるので聞き方には細心の心配りをする必要があることをお忘れなく。

その中で、共通点があったらしめたものです。

「それは同じですね！」「私もそうなんです！」と相手との共通点を何度も口に出して強調します。これによって親近感を持ってもらうことができます。

相手と自分との共通点を見つけ、「同じですね！」と何度も口に出して強調する

気が合いそうな人をランチに誘ってみる

何かの会や集まりで話してみて、「この人とは気が合うな」「この人ともっと親しく話したい」という人がいたら、**まずはランチに誘ってみましょう**。

コツは**翌日、すぐにメールすること**です。相手の印象に残っているうちにアポをとりましょう。

ランチは誰もがとるものだし、夜と違い、お酒を飲まないので費用も安く済みます。

時間も会社の休憩時間内におさめるので、1時間程度と短時間ですから、誘う側、誘われる側ともに抵抗感がありません。

このランチは、相手と親しくなるためには不可欠なプロセスです。勇気をもってアプローチしてみてください。

いま、あなたが親しくしている人も最初の出会いは「初対面」です。何らかのきっかけで親しくなった歴史があるのです。これを思い出して、チャレンジしてください。

ランチについては後に詳しく述べます。

気が合うと思った人をランチに誘う場合は、「翌日すぐ」に連絡する

アポイントがとれたら事前に準備すること

アポイントがとれたら、私の場合は事前に次のようなことを準備します。

準備1 相手の個人情報、相手の会社のトピックス

紹介者、共通の知人がいればその人に相手がどんな人なのか、その人の趣味、出身地、仕事などをヒアリングしておきます。

準備2 相手の記事、SNSなどの発信内容

相手のSNSを見て「〇〇さん、釣りが趣味とおっしゃっていましたけど、インスタに上げていたあの真鯛、すごかったですね」などと、さりげなく触れるようにします。

この**「さりげなく」というのがポイント**です。あまりに個人的なこと、「あなたのことを調べ尽くしましたよ」みたいなコアな情報はNGです。

相手が著名人であれば、メディアに掲載された記事、著書があれば読むこともあります。

人は、自分に関心を持ってくれていることがわかるとうれしい気持ちになり、相手に親しみを抱いてくれます。

また、**この人は自分にとって有益な情報を持ってきてくれる人であるとの期待値が高まる**ものです。

こうしたことが「次への種まき」となります。

1対1で会う場合は事前の準備が肝心。
調べられることは調べて話題を用意しておく

1対1での会話のコツ

ランチの約束を取り付けたまではいいけれど、内向型人間は「何をしゃべればいいかな」と不安になるかもしれません。

会話の基本は「相手の話を聞くこと」「共通点を探すこと」です。

私がよくやっているのは**「相手の得意分野について、教えを請う」**というものです。

たとえば、相手が東南アジアの食生活に詳しいとか、仏教文化に詳しいとか、何か得意な分野があるのなら、それについて尋ねてみるのです。

人は、得意なことについて人から頼まれると、自分の存在意義が認められたと感じて承認欲求が満たされ、「また会いたい」と思うようになるものです。

具体的な会話の進め方はあとの章に書いていますので、そちらも参考にしていただければありがたいです。

【「3人会」は人脈の起爆剤！】

3人会を活用すれば人脈は倍増する

人脈づくりにおいて、私が多用しているのが「3人会」です。

「3人会」とは私の勝手な定義で**「共通の知人を介した3人での食事会」**を指します。

内向型人間にとって1対1で会うより、3人いたほうが気分的にラクです。

また、3人会は必ず知り合いが一緒にいてくれるので、話が途切れた場合でも、その知り合いにサポートしてもらえます。
3人会には、次の3つのパターンがあります。

人脈の起爆剤 1

共通の知り合いを誘っての3人会

51ページにあるように、会話の中で共通の知人が出てきたら、その人を誘って3人で食事をします。
とくに知り合って間もない段階でのこの3人会は、グンと関係が近くなります。意識して共通の友人を探しましょう。

人脈の起爆剤 2

知人に知り合いの方を紹介してもらう3人会

知人との会話の中でその方がAさんと親しいという話が出たら、その場で**「Aさんをぜひ紹介してください。3人で食事したいです。私に幹事をさせてください」**とお願いしましょう。

ここでの**ポイントは2つ**あって、1つめは**その場ですかさず紹介を依頼する**ことです。日が経てば経つほど、お願いしづらくなります。

2つめは、**相手には「なぜその人を紹介してほしいか」をしっかり伝える**ことです。紹介者は紹介することで、紹介する相手に迷惑をかけることは避けたいと思うものです。でも、用向きをちゃんと伝えることで紹介者は安心して紹介できます。紹介することが自分にとっても役に立つことが納得できれば、喜んで連絡してくれるでしょう。

また、紹介を依頼する人は知り合いなら誰でもいいというわけではなく、その人との**信頼関係ができていることが必要**です。

とくに具体的な名前を上げずに、「こういう分野の人を紹介してほしい」とお願いするようなケースは依頼する相手との関係が重要です。

自分を信頼している、あるいは恩義を感じている人は一生懸命つなぐ努力をしてくれますし、特別な人を紹介してくれます。

信頼関係はどうしたら結べるかということですが、まずは**自分が相手の役に立つ存在である必要**があります。

自分のほうから積極的にその人に有益な人を紹介したり、その人が喜ぶ情報提供をすることが必要です。

信頼関係がまだできていないと思うなら、その段階では、紹介のお願いは控えるようにしましょう。

相手との間に信頼関係ができたと思えたなら、「いま自分はこんなことに興味がある」などと公言しておけば、

「そういえば、○○さん、こんなことを言っていたな。今度それに詳しい△△さんと会うから、紹介していいか聞いてみよう」

といったように話が進みます。

人脈の起爆剤

3

（「人脈の起爆剤②」の逆で）自分が仲介役となって2人を引き合わすための3人会

自分の知り合いで、相手が会いたいと思った人がいたら、その知り合いを誘って3人会を開催します。

このように、**3人会は私にとってかけがえのない人脈ツール**です。

42ページの**弘兼憲史さんと獺祭の桜井会長**の例などもそうですが、本書に書いている人と知り合うきっかけや親しくなったきっかけは、ほとんどが3人会です。

私の場合、チャンスがあれば、すぐに3人会を提案します。

相手と話をしている際に、相手の興味のあることが話題になったら、それに詳しい知り合いとの3人会を提案したり、「この人とこの人を引き合わせたら面白いな」と思ったら、すぐに3人会を手配します。

3人会を成功させるには

3人会を開くならば、**相手の心に刺さり、心底喜んでもらい、今度は自分がお役に立ちたいと思われるような会**にする必要があります。

重要なことは「人脈の起爆剤①〜③」のいずれの会の場合も、**自ら幹事を引き受ける**ことです。

その際、後述するように、**自分のホームグラウンドとなる行きつけの店で行うのが安心**です。

店選びについてはあとで説明します。会が盛り上がれば、定期的に開催することにしてみましょう。

3人会の欠点があるとすれば、**自分以外の2人が、自分にはわからない話を始める場合がある**ということです。

しかし、**そうなったらむしろラッキー**と考えましょう。なぜなら自分は聞き役に徹していればいいからです。2人の会話を楽しむつもりでニコニコして楽しく聞き入りましょう。

「3人会」の活動を繰り返し行っていくと、人脈はいやがうえにも広がっていきます。

「3人会」を積み重ねることで人脈は爆発的に広まっていく

エピソード

坂東彌十郎さんと藤巻健史さんの意外すぎる共通点

歌舞伎役者・坂東彌《や》十郎《じゅうろう》さんとの出会いは、本当に偶然でした。

行きつけの和食店でたまたま隣の席になり、大将からの紹介で名刺を交換させていただいたのです。

後日、彌十郎さんから歌舞伎の案内を送っていただき、人生初の歌舞伎鑑賞をしました。その際に楽屋にごあいさつに伺わせてもらいました。

その後も、彌十郎さんが出演される舞台は見に行くようにしていました。

あるとき、経済評論家の藤巻健史さんのブログを見ていると、なんと坂東彌十郎さんと親しくしている様子が書かれているではありませんか。

藤巻さんとは15年以上前に、仕事関係者の飲み会で知り合い、懇意にさせてもらっている仲です。藤巻さんの息子さんと私の息子が同じ高校の同級生、つまり「パパ友」という縁もありました。

早速、藤巻さんと連絡をとり、藤巻さんの奥さんも入れて4人での会食を提案しました。

話をするとなんと、坂東さんの息子さん（歌舞伎役者の坂東新悟さん）も、藤巻さんとうちの息子の高校の卒業生であることがわかりました。

新悟さんのほうが3つ下でしたが、そのことでまた距離が縮まり、以来、坂東さんとも親しく食事をさせていただく間柄になることができました。

その後、坂東さんのお母様が私と同郷（広島）とわかり、いっそう親しくなりました。

手前味噌のようで恐縮ですが、この彌十郎さんとの関係づくりは、私の人脈術の好事例かと思っています。

- 共通点を見つける
- 歌舞伎に行く（相手への貢献）
- なじみの店主からの紹介
- 共通の知人を入れて「3人会」でさらに親しくなる

隣り合わせた縁で彌十郎さんにあいさつできたとしても、それだけで終わった可能性もあります。

店主の紹介があったからこそ、名刺を交換してもらい、その後の歌舞伎鑑賞につながったのだと思います。

【人との距離を上手に縮めていく方法】

「自分に興味を持ってもらえない」不安を払拭する方法

もちろん85ページのランチのようにその場の雰囲気でお誘いできればいいのですが、内向型人間は人と知り合ったあとに、**相手をいつ食事に誘っていいのか、相手との距離を測りかねることも多い**と思います。

内向型人間の「あるある」だと思うのですが、**「こちらが会いたいと思っても、向こうは迷惑なのではないか」「自分に興味を持ってもらえないのではないか」というネガティブな思い込みがあり、なかなか誘えなかったりする**ものです。

それを払拭するための私の方法を紹介します。

「ザイオンス効果」をうまく使おう！

心理学用語に**「ザイオンス効果」**というものがあります。

日本語では「単純接触効果」というそうです。

アメリカの心理学者ザイオンスが発表した概念で**「接触頻度が増えるほど、好印象を持**

つようになる」という心理的効果です。

テレビCMで何度も繰り返し流れる商品を「ちょっと買ってみようかな」と思ってしまったり、スーパーでモノを選ぶときにCMでよく見るものを選んでしまったりしますよね。

同じことが「人脈」にもいえるのです。

人も回数を重ねて会うことで、好感度が上昇していくのです。

ただし、そのピークは「10回」だそうです。

であるからには、**「10回」を効果的に利用することが、人脈づくりの大事なポイント**となります。

この10回は現代においては必ずしも対面しなくても、メール、オンライン面談などでもいいわけです。

つまり、**「いろいろな組み合わせで10回」でOK**です。メールで1回やりとりをすることも接触回数1とカウントします。

その**10回を経ることで「1対1」で会う関係の下地が出来上がる**と言われています。

「10時間」をひとつのメドと考える

私はこれを「時間」に換算して考えています。

つまり、**「10時間のやりとり」**ということです。

というのも、1回食事をすると1時間では終わらないし、逆にメールは5分から時間をかけても15分程度で、これをそれぞれ1回と考えるのはあまり現実的ではない気がするからです。

たとえばランチは1時間、みんなでの会食は2時間。メール・LINEは15分として20回やりとりをしたら5時間と換算します。

20回もやりとりをする、あるいはこちらの思いを伝えるということ自体、相手に好感を持ってもらえることになります。

とはいえ、「メールだけ」「LINEだけ」では距離は縮まりません。いろいろなアプローチ方法の組み合わせで、その**総計が10時間に達した時点で、「1対1の食事に誘ってもいいな」と考える**わけです。

1対1の食事に誘う絶妙のタイミング

たとえば、私の主催する会にSさんという人が初参加されたとしましょう。

Sさんはクラシック音楽に詳しく、人望もすばらしく、ぜひもっとお近づきになりたい、話をじっくり聞いてみたいと思ったとします。

まず後日、「参加のお礼メール」を送ります（お礼メールについては後に述べます）。

そこでSさんから返信があったらまた次の会にお誘いして、そこで2時間を共にします。次に共通の友人を入れて3人で食事会をします。

その間にSさんが関心を持っている情報、Sさんの役に立ちそうな情報があったらメールで伝えるなどの小さな努力もします。

こうやって**だいたい10時間のやりとりをした時点で、はじめてSさんを1対1の食事にお誘いする**のです。

実際には「この人とは感覚が合うな」と思えば10時間よりもっと早く、お誘いすることもあります。

でも、あまりタイミングが早すぎると1対1でお会いしても話題が続かず、お互いに気まずい思いをすることもあります。

その意味でも、**10時間は見ておいたほうが安全**だと思います。

もちろん人間関係はケースバイケースで一律には対処できませんが、内向型人間は**「この人を誘っても大丈夫だろうか」**といちいち悩むものです。

そのようなときのひとつの目安として活用してみてはいかがでしょうか。

相手を食事に誘うタイミングは「10時間のやりとり」を行ったとき！

エピソード

建築家・隈研吾さんとの縁を引き寄せた「3人会」

映画『おくりびと』の脚本や「くまモン」の生みの親として知られる脚本家の小山薫堂《くんどう》さんとはかねてより親しくさせていただいています。

あるとき、小山さんに会食のお誘いをいただきました。

「知り合いも呼んでいるから」と言われて軽い気持ちで出かけたのですが、行ってみてビックリ、「知り合い」というのは、かの有名な建築家の隈研吾《くまけんご》さんだったのです。

じつは私はかねてより隈研吾さんにお会いしたいと熱望していました。それを知った小山さん一流のサプライズだったのです。小山さんのさりげない、かつ、心のこもった気配りにはいつも驚くとともに感動しています。

小山さんは私のことを「すごい人脈の持ち主で、予約のとれないレストランに行ける人」と隈さんに紹介してくれて非常に感激しました。

しかし、ここで隈さんと名刺交換をしただけでは、次にはつながりません。

もちろん小山さんにお願いして、もう一度会食をセットしてもらう手はありますが、忙しい小山さんの手を煩わせるのは申し訳ないです。

そこで思い出したのは、時々会食をする知人が、隈さんと中高時代の同級生だったという話です。

隈さんにその話をすると「ああ、彼ですか！」といって大いに盛り上がりました。

ここでのコツは、私とその共通の知人とのちょっと面白いエピソードを披露して親近感を持ってもらうことです。

「では、今度ぜひ3人で会いましょう」とその場で3人の会食の了解をとり、翌日には日程調整のメールを送りました。

早々に会食が実現し、その後も隈さんとも親しくしていただいています。

ステップ4

「幹事」を引き受けてみる

【幹事こそが人脈拡大につながる最強のメソッド】

「幹事力」を身につけよう

「人脈活動」で気心のしれた知り合いが増えてきたら、**自分で会を開催することを目指して準備をしていきましょう。**

とはいえ、いきなり自分で会を開催するのはハードルが高いと思われるかもしれません。

そこで**まずは「幹事」を引き受けて、幹事のノウハウを習得**しましょう。

幹事は会のコーディネーター的な役です。

「幹事力」がつけば「会はこうやって開けばいい」という運営方法がわかりますから、自分の会をスムーズに主催することができます。

それから、幹事をやる場合において、何もひとりで全部まかなう必要はないのです。

顔の広い人、人脈のある人を引き入れて一緒に取り組むことでもいいのです。

私も最初は人脈のある人と一緒に始めました。集客は彼らに頼んで、自分は、案内、集金・会計、店との交渉などの実務を引き受けました。

こうやって**人脈のある人、外向的な人と組む**のもおすすめです。

ただ、**「人脈のある人＝社交的な人」はどんどんいろいろな人を呼ぶので、内向型人間とは少々ノリが合わないリスク**があります。

その場合は、**事前にどういう人を呼ぶのか、しっかり打ち合わせをする**のがいいと思います。

「幹事力」が身につければ、スムーズに会を開催できる

幹事を引き受けることのメリット

やってみればわかりますが、**幹事にはメリットがいっぱい**あります。まず会に参加するメンバーと個別に何回もやりとりをするので、メンバーと親密になります。また、メンバーの情報に接しますから、趣味など気が合う共通点が見つかり、そこから個人的な付き合いに発展することもあります。

幹事は裏方のような仕事ですから、メンバーは多かれ少なかれ**感謝の気持ちを持っていて、幹事を引き受けてくれた人の役に立ちたいとも思っている**ものです。たとえば感謝の気持ちで別の食事会に誘われたり、何かのときに人を紹介してくれたりします。

それから、お店とも何回も連絡をとるので、店主やスタッフと仲良くなり、自分自身の行きつけの店になる可能性もあります。また、日程はホストと幹事の都合が優先されるので、確実に参加できます。

幹事の具体的な仕事内容、やり方については第5章で案内しています。

【こうすれば気軽に幹事ができる】

「補佐役」から始めてみる

とは言え、いきなり幹事をやるのは不安かと思います。最初はいま入っている会の手伝いからスタートするのが手っ取り早いです。そこで幹事のノウハウを学ぶのがよいと思います。

その会の幹事に「手伝いたい」と申し出てみましょう。幹事にとっても負担が減ることなので歓迎してくれると思います。

手伝うとなると、幹事同士の連携が必要となるので、コミュニケーションの機会が増えて、幹事と親しくなることもできます。

具体的に何を手伝えばいいかということですが、まずは**「会の当日の出席確認」「会費の徴収」から始めてみたらいい**かと思います。

慣れてきたら、幹事を丸ごと任せられることもあります。

> いきなり幹事を始める前に「補佐役」から慣れれば安心

補佐役から幹事に昇格！

私自身も、自分の会を開催する前に「幹事補佐」を体験しています。

私の場合は、「ある著名人を囲む広島県出身者の会」を手伝ったことがあります。メンバーは20名で、参加者は12～13人でした。

最初のうちは幹事の人を手伝っていたのですが、あるときその人から「仕事が多忙になったので幹事を譲りたい」と言われ、引き受けました。

主賓の著名人とも、連絡をとることで親しくなり、いろいろなことを教えていただきました。メンバーとも親しくなり、自分で主催する会にお誘いして、さらに交流を深めることができました。

幹事はオトクです。

ステップ5

「自分の会」を主催する

【内向型人間も無理なくスタートできる自分主催の会】

まず知り合いに声をかけて会をつくろう

「幹事力」がついてきたら、いよいよ自分の会を開催しましょう。**自分で会を開催するようになると人脈はもう加速度的に広がっていきます。**

プロローグで述べたことですが、まずは**知っている人、2人か3人でスタートしましょう。このメンバーがコアとなります。**

人脈の多いコアメンバーがいてくれるとなおよいでしょう。ステップ3で書いた「3人会」を発展させる形もおすすめです。

このメンバーで、どんな会にするかを打ち合わせしましょう。

「目的」「コンセプト」「どんなメンバーにするか」が重要です。コアメンバーの思いがひとつになっていないと、いい会はできません。

たとえば、「ワイン好きの3人会」の場合、「今度ワイン好きを集めて、○○の店でワインを飲む会をやろう」というように気軽な感じで始めます。

参加者にワイン好きな人がいたら呼んできてもらうようにします。

それを何回か続けると、**すぐに30人、40人ほどの人脈ができてしまいます**。

「友達の友達」という絶対的な安心感

この会の最大のメリットは、来ている人が「知り合い」または「知り合いの知り合い」ということです。

この安心感は、内向型人間にとっては絶対的です。

初対面の人であっても知人が連れて来てくれる人、すなわち知人の知人ですから、だいたいどんな人かわかります。前述のとおり、事前に話し合ってどんなメンバーにするかを決めているので、自分と世界観が極端にかけ離れた人はまず登場してきません。

それから、**知人が「古河はこういう人物だから」と距離を縮める役割をしてくれるから気がラク**です。

一緒に飲んだり食べたりする中で、初対面の人であっても距離感が縮まって、「この人とまた会いたい」と思えば次の会の案内をしてみましょう。
集まる場を提供することでつながりがつながりを呼び、どんどん輪が広がっていきます。

「話しベタ」でも大丈夫！

自分で会を開催するとなると、内向型人間は「人前でしゃべったり、中心になって話題を提供したりしないといけないのでは……」と不安になるかもしれません。

しかし、**幹事は設定と進行さえしっかり押さえておけば、自分はしゃべらなくてもいい**のです。

実際、**私は幹事をやるときは最初の紹介ぐらいで、あとはほとんどしゃべりません。**積極的に話すタイプではないし、人の話を聞いているのが好きだからです。

自分がしゃべらなくても、みなさん饒舌に話してくれますから、全然困りません。

自分の会を主催すれば、人脈は爆発的に広がる

【趣味の会、食の会、勉強会、昭和縛りの会……テーマは無限】

長続きするコツは「好きなこと」——クラシック音楽の会

慣れてきたら、いろいろな会を主催していきましょう。

会のテーマは最初からあまり気負わずに、自分の好きなこと、関心のあることで大丈夫です。結局は好きなことが長く続きます。

私が初期のころにつくったのは「音楽の会」でした。参加していた合唱団がきっかけでした。

当時、その合唱団は頻繁に練習があって、練習後は必ずと言っていいほど飲み会があり、そこで多くの人と仲良くなることができました。まるで学生時代のサークル活動に戻ったような付き合いで純粋に楽しかったです。

その仲間で一緒に演奏会に行くようになりました。

このとき、**演奏会後の飲み会を、私がセットするようになった**のです。

続けるうちに同行する人が増え、演奏家とも面識ができるようになりました。そうなると私がまとめてチケットを注文して観に行き、飲み会には演奏家も合流してもらうということも増えました。

この流れが続き、メンバーも増えた段階で、思い切って「自分主催の演奏会」を企画してみたのです。

演奏家も、自分のコンサートに足を運んでくれる人が増えるきっかけになるということで、積極的に協力してくれ、演奏会は大成功となりました。

好きなことをフックにして会を主催すれば、人脈は自然と広がる

【キーワードは「共感」！】

「昭和歌謡」という絶対的共感ジャンル

長年、「音楽」「ワイン」「食」を鉄板として会を開催してきましたが、最近の経験から

「昭和歌謡」が強力なフックとなりうることに気づきました。

先日、「歌謡酒場」に行くという経験をしました。歌謡酒場というのは最近、流行っているようで、客のリクエストに応じて昭和歌謡を流してくれる居酒屋です。

メンバーは、ほぼ同世代の12人でした。

半分ははじめての人でしたが、**流れてくる歌謡曲を聞きながら、中学生時代に誰が「推し」だったかなど、たちまち意気投合してしまい、話が盛り上がりまくりました。**

カラオケとは違い、マイクで歌うことはせず、聞くだけなのですが、これがまったく飽きないのです。

カラオケでは、人が次々と歌うから話もろくにできないし、次の曲を選ぶのに画面に集中する人もいて会話が続かないというデメリットがありますが、このような酒場では、会話がし放題です。

「昭和つながり」で爆発的に盛り上がる

私のように**「昭和世代」であれば、みなさん昭和歌謡が好きなもの**です。

私自身、中学時代好きだったのは「サッカー」と「歌謡曲」で、歌謡曲はテレビ、ラジオの深夜放送、月刊誌と時間をかなり割いた記憶があります。50年前の話なので、いまはもうかなり忘れているものの、当時のアイドルの情報などもかなり詳しかったです。

そこから鑑みるに、**自己紹介で「昭和歌謡に興味がある」という話をすれば、参加者と話が弾む可能性は高い**と考えました。

何人かで話が盛り上がれば同世代を中心に**「昭和歌謡同好会」**のような集まりをやると面白いと思います。

いまの歌は歌詞を記憶するのも難しいものですが、当時の昭和歌謡はいまでもほとんどみんなが歌えるのです。

おそらく、歌詞に出てくる情景が映像化されて脳裏にインプットされているのだと思います。

この集まりなら、内向的な人でも、負担感なく入っていけます。

内向型人間が抱きがちな、

「初心者に何を話していいかわからない（歌謡曲の話をすればいい。当時の出来事を話せばいい）」

「会話の中断が怖い（曲を聞いていればいい。口ずさんでもいい）」

をすべてクリアできる「昭和歌謡会」、ぜひ企画してみてください。

第3章

「また会いたい」と思わせる一流のお礼メール＆ＳＮＳ＆名刺活用術

【人脈の管理・維持活動】

自分の人脈を「見える化」! 超カンタン名刺ファイリング術

人脈を構築する際に、**名刺の管理**は欠かせません。

これを怠ると、せっかくお会いした人も忘れてしまったり、関係が続かなくなってしまったりするので、管理は大事です。

私の場合はこうしています。名刺ファイル2つを使い分けます。

「ファイル1」は「今年会った人」と、「これから会う予定の人」の名刺をファイルしています。

まず年始から「会った人」の名刺を会った日付順にファイルします。「アポが入っていて、これから会う予定の人」も日付順に並べてファイルします。これは「すでに会った人」とは場所を分けて、わかるようにしておきます。

そして実際にその人と会ったあとは、「会った人」の一番後ろに移します。

もうひとつのファイル**「ファイル2」**は、**「今年まだ会っていない、アポも入れていないが、この1年以内に会いたい人」をファイル**しています。私の場合は３００枚ほどあります。

このファイル2は、あとで述べる「人脈の維持活動」に使います。

定期的にチェックして、「そろそろアポを入れよう」「この人とこの人で食事会を開こう」など**と計画**します。実際にアポを入れたら「ファイル１」に移します。

アプリやソフトでの名刺管理術

長年このようなアナログ方式で管理してきましたが、最近は**名刺管理アプリも取り入れています。**

使っているのはＳａｎｓａｎ株式会社の名刺ア

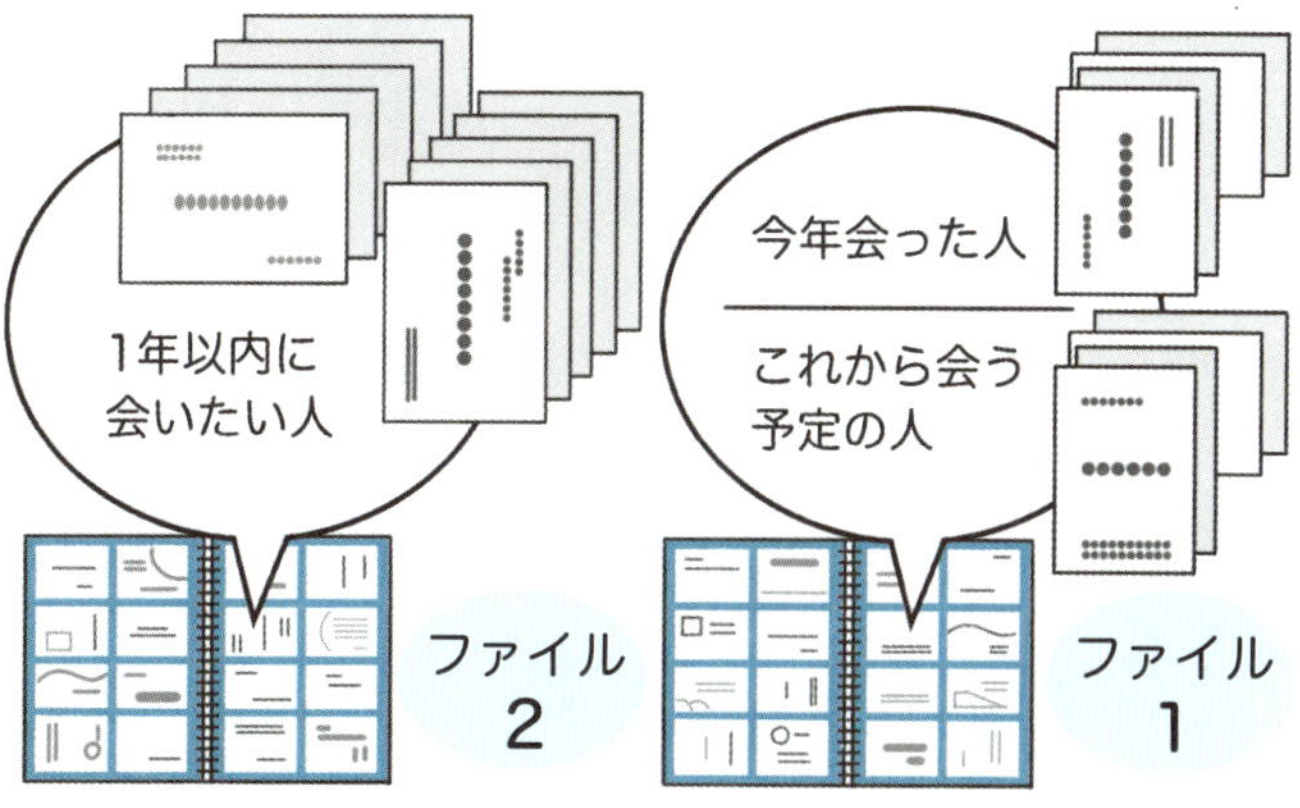

プリ「Ｅｉｇｈｔ」です。

このアプリは**名刺を読み取らせるだけで、氏名、会社名、役職、メールアドレス、電話番号、勤務先住所をいつでも見ることができる**し、メール、電話もこのアプリからワンタッチでできます。また、名刺交換のときに名刺の持ち合わせがなくても「デジタル名刺交換」を利用して、相手に名刺を渡すことができます。

名刺交換した日付もデータに残るし、名刺も交換月順、氏名をあいうえお順に並べ替えることもできます。

加えて「メモ機能」で紹介者、会ったときの場所、相手の出身地、経歴、趣味、嗜好などの情報を入れることができるのも助かります。

また、「マイタグ機能」を使って、どのイベント、どの会に参加したかをタグ付けしておくと、**「いついつの会には誰と誰を呼んだか」を一覧で見る**ことができます。この機能は**会の運営において大変便利**です。

有料版ではさらにいろいろな機能が加わるようです。無料版に慣れた段階で有料版を購入することを検討したいと思っています。

ほかにも、エクセルや名刺管理ソフトでデータ管理をすれば、いろいろ便利なのでしょうが、情けないことにエクセルが使えないのでみなさんに助言できず、すみません（泣）。

「名刺の管理」は重要。管理を怠ると大事な人脈が漏れていってしまう

「人脈の維持活動」を忘れるべからず

ひとたび人と交流を持っても、**その関係が途切れてしまったら、大変もったいない**ものです。

しかし、人脈とは恐ろしいもので、**放っておくとそのまま関係が途絶えてしまうということが起こりがち**です。

その意味では、**人脈は「つくる」ことよりも「関係を維持する」ことのほうが難しい**のです。

親しくなったからといって、そのままにするのではなく、「続かせる」工夫が必要です。

私はこれを**「人脈の維持活動」**と呼んでいます。

維持活動といっても、特別なことをする必要はありません。

「この人とは最近ちょっとご無沙汰だな」と思う人をピックアップして、連絡をとるだけです。

会って食事をすることがベストですが、時間がなければちょっと会って近況を連絡し合うだけでも関係は維持できます。

人脈は「つくる」より「保つ」ことが重要。
「維持活動」を行って関係をキープする

忙しい人は「会食前の30分」を狙え

人脈の維持活動をする際、相手が著名人、大企業の経営者など忙しい人の場合、会う機会をとっていただくのは、なかなか難しいものです。

そこで、**とっておきの方法**があります。

「会合・会食の30分前をいただく」のです。

たとえば、相手が銀座のホテルで6時から会食という場合、**「私がそちらまで行きます**

ので、30分ください」と言って、5時半にそのホテルのラウンジでお会いして30分ほど話すのです。

忙しい人に日中に時間をとってもらうのは難しいので、夕方の時間帯が狙い目です。

この方法ならば相手にわざわざ時間をとってもらわなくていいので、拒む人はあまりいません。

忙しい人は「会食前の30分」をもらう!

情報提供を忘れない

「維持活動」での面談は、基本的には近況報告でいいのですが、**相手を失望させないように、こちらからも情報提供（ギブ）できるネタを用意**しておきます。

提供する情報は相手によって異なりますが、たとえば社会的地位のある人、経営者だったら政治の話が好きな人が多いので、知り合いの政治記者から裏話などを仕入れていきます。

「あの大臣が急に辞めたのは、こういう事情があった」

「あの候補者を擁立したのは○○さんが陰で動いたから」

みたいな話です。政局を揺るがす大スキャンダルなどではなくて、本当にちょっとした小話なのですが、**世間に出回っていない話はかなり喜んでもらえます。**

もちろん、必ずしも政治の裏話である必要はありません。

相手の仕事や趣味に役立ちそうな話を事前に調べていって伝えれば十分歓迎されます。

要は、**ただ会うのではなく、引き続きお茶の誘いに応じてもらえるよう、それなりの工夫をすることが大事**です。

忙しい人に会うときは、相手が喜ぶ「お土産（＝情報）」を持っていく

ピンチ！　名前を思い出せないときは、この対処法でしのごう

「それだけ人脈が広いと、誰だか思い出せないとか、名前を忘れたりすることがありませんか？」と聞かれることがあります。

本書の編集者さん（48ページの中里編集長）にも「人の名前や顔を忘れない、いい方法があったら書いてください」と言われて大変困っております。

なぜなら私自身、**人の名前・顔を忘れることが多い**からです。

しかしながら、数少ないスキル（？）らしきものがあるのでそれを開陳しましょう。

まず、誰か思い出せないとき、人の名前を忘れたときは**「再名刺交換」**を試みます。

名前を忘れるということは、しばらく会っていない人ですよね。

「お久しぶりですが、仕事（部署）は変わっていませんか？」

「私も名刺を新しくしたので」

「電話番号が変わっているかもしれないので」

などと適当な理由をつけて、再度、名刺交換をするのです。

名刺交換ができないときは仕方がないので、その人との話からヒントを見つける努

力をします。

「前回はどのお店でご一緒しましたかね？」と聞いて、相手が「六本木のイタリアンで」「日比谷のあの店で」などと答えてくれれば、そこから「あー、あの人だ」と思い出すこともあります。

そこでその店が話題になれば「じゃあ、またその店で会を開くときはご案内をしますから」と言って、やっぱり名刺交換に持ち込みます（笑）。

それから、お会いしたときに、その人のお名前をしっかり覚える工夫をするというのもやっています。

よく**「視覚と聴覚で覚えると記憶に残りやすい」**と言いますよね。ですから、なるべくその人の名前を呼ぶようにするのです。

田中さんなら「田中さんはどう思いますか？」「田中さん、こちらの○○さんをご紹介します」などとあえて名前を何度も呼ぶのです。

でも、奮闘努力むなしく、忘れてしまうときは、やっぱり忘れてしまいます。

とくに、年齢とともにその回数は確実に増えてきています。困ったものです。

極力多くの人と会食をするためにも同じメンバーは4カ月に1回とする

私の場合、**仲の良い人との会食は年に3~4回、3~4カ月に1度ほど**にしています。**その分のリソースを「ゆるいつながり」の人たちとの交流に振り向けたい**のです。

人脈が増えてくると、誰と会食するかを計画的に決めておく必要が出てきます。私の場合、年間８００人近くの人と会うわけですから、どんどんスケジュールが埋まっていきます。

気の置けない仲のいい人との食事は楽しいし気分転換にもなりますが、スケジュールを考えると、**やっぱり3~4カ月に一度ぐらいが妥当**かなと思っています。

このペースだと、近況報告にもちょうどいいし、話が大いに弾みます。

仲のいい人、同じ人とは3~4カ月に1度会うなど計画的にスケジュールを決める

ビジネスで知り合った人でもプライベートでつながっておく

仕事で会った人も「この人は面白いな」「この人とつながっておきたいな」と思う人は、どんどんプライベートでもつながりを持ちます。

その意味では、**仕事とプライベートの垣根がまったくありません。**

仕事の会食の場でも、合間に意識して相手のプライベートな情報を入手するようにしています。そしてケミストリーが合いそうな人は、共通の趣味があればお誘いしています。

「趣味は何ですか?」

「ご出身はどちらですか?」

などといくつか質問して、「じつはこういうことに興味を持っています」と言われたら、「それなら、私はその分野に詳しい○○さんという人を知っているので、ご紹介しましょうか」などと申し出て、積極的に関係をつくっていきます。

こういうシチュエーションでも「3人会」を活用しています。

ここでもやはり**「共通の話題」「共通の知人」を探して仲良くなろうとします。**

会食の場に上司がいて言いづらい場合は、あとからメールで連絡します。

先だっても、古くからの知り合いの方と会食をしていたら、大の歌舞伎ファンだということが判明。あまりプライベートな部分を出さない人だっただけに少々意外でした。以来、関係が急に縮まって、メールは歌舞伎の話で大盛り上がりです。

仕事で知り合った人と仲良くなるための私なりのコツは、**相手の役職にかかわらず「リスペクト」の気持ちを持つこと**だと思っています。「役員だから」「部長だから」と考えず、ひとりの人間としてその人を尊重します。

そのうえで**「相手の欲していることは何か」を把握し、解決の手助けをすると、プライベートでも関係が深まる**ように思います。

仕事で会った人であっても、臆せずどんどん個人的な関係を築く

【内向型人間こそSNSを上手に活用しよう】

人脈づくりにSNSはどう活用する？ SNSを上手に取り入れよう

現代では**「SNSの活用」も人脈づくりに欠かせないもの**となっています。

初対面で「気が合いそうだな」「この人の話をもっと聞きたいな」と思っても、実際に対面で会うとなるとハードルが高い場合もあるものです。

そこで活用すべきはSNSです。

誰であっても**SNSでの交流なら抵抗が小さいし、ネットで交流するうちに少しずつ親しくなれば、面会に持っていくこと**ができます。

メールやLINEなどでやりとりを続ければ、実際に対面で会うのが2回めであっても、そうとは思えないほど親しみを感じるものです。

SNSで得た情報をもとにネタを準備しておけば、話も弾みます。

さらにいえば、**内向型人間こそ、人脈づくりにSNSを積極的に取り入れるべき**だと考えます。

というのも、内向型人間は相手をおもんぱかる傾向が強いです。自分の発言がどう受け取られるか気になるため、議論が苦手な傾向にあります。

対面の場合、「こんなことを言ったらどう思われるか」と逡巡しているうちに話題が変わってしまっていることもしばしばです。

しかし、**SNSなら、自分のペースで発言（返信）ができます。**

時間をかけて言葉を選んで発言できるのは、内向型人間にとって非常にありがたいことです。

カギとなるのは「相手の関心のあること」

私の場合は、次のようにSNSを利用しています。

まず、**SNSのやりとりで相手の好きなこと、関心のあることを把握**します。こういうことは、対面ではメモをとらなければ忘れてしまったりすることです。

そのうえで**相手の好きなこと、関心のありそうな事柄の写真や情報などを送ります。**

たとえば、相手が「カレー好きな人」なら、「この前、こういう店でカレーを食べたけどおいしかったですよ」と写真を添えて送ってみるといった具合です。

相手がそれに反応してくれて、やりとりが盛り上がれば、「じゃあ今度、一緒に食べに行こう」となります。

スポーツ観戦、音楽・芝居鑑賞など、相手の興味のありそうなことを相手のSNSからピックアップしてみましょう。

SNSの力で「途切れそうな関係」をキャッチアップ!

まだそれほど親しくない関係の人の場合、しばらく会っていないと、そのまま関係が途切れてしまうこともあります。

この場合も、SNSが役立ちます。「あの人、最近連絡とり合っていないな」という人にも気軽に連絡をとることができます。

私の場合は、次のようにしています。

LINEやメッセンジャーなどのSNSでは、直近にやりとりをした相手のアカウントが上位に並びます。

逆にいえば、**下のほうの人とは最近やりとりをしていないということになります。そういう人に連絡をとる**のです。

「ご無沙汰していますが、お元気ですか?」と近況伺いをしつつ、先ほどと同様に**その**

人の関心のありそうなことを情報提供するよう努めます。

ＳＮＳはここに気をつけて！

ＳＮＳは便利なツールですが、対面でない分、注意すべき点もあります。

まず、**前置きや婉曲な表現を省略してしまい、言葉がストレートになりがち**です。場合によっては誤解を招いたり、相手を傷つけたりすることになりかねません。

これを避けるためには誤解される表現になっていないか、**発信前に必ず読み返すことが大事**だと思います。

それからなぜか**「夜の時間」に書くとネガティブ・感情的になりやすい**ものです。**夜書いたものはそのまま送らないで、翌日に読み返して送る**ことをおすすめします。

また夜、どうしても相手とやりとりしないといけない場合もいささかの注意が必要です。必要以上に感情的になったり、やりとりが長くなったりしがちだからです。私の経験上、**夜のやりとりで傷つくと尾を引く**ものです。

ですから、やりとりはなるべく夜を避けて、昼間の隙間時間・休憩時間などに行うのがいいと思います。

やりとりが長くなりそうなとき、なんとなく不穏な感じになりそうなときも、「次の仕事があるから」と切り上げることができるからです。

それから**SNSのやりとりで、相手からネガティブな言葉、傷つく言葉をかけられたときは、そのやりとりを消去しておきましょう。**読み返しても不愉快な思いをするだけです。

人と親しくなるためには、やはり対面を重ねることが一番だと私は考えています。SNSはあくまでその補完という位置づけでいます。

ＳＮＳのメリット・デメリットを理解したうえで、上手に取り入れることが大事だと思います。

内向型人間にとってＳＮＳは強い味方。
メリット・デメリットを把握して上手に使おう

【「また会いたい」と思わせる一流のメール術】

次につながる「お礼メール」

初対面でお会いした人、自分の主催する会に参加してくれた人に「お礼メール」を送るのは、次回につなげるうえで欠かせないポイントとなります。

このお礼メールも「昨日はありがとうございました。今後ともよろしくお願いいたします」といった儀礼的なメールでは、相手の印象に残りづらいと思います。

ここは**ぜひ、相手に「この人にまた会いたいな」と思わせるメールを送りたい**ものです。

私の場合は**「具体的なことを書く」**ようにしています。

「○○さんの中東での体験の話がとても面白かったです」

「○○さんの持ってきてくださったお酒がすごくおいしかったです」

「昨日話しておられた東洋哲学の話がすごく心に残りました」

など、相手との会話を覚えておいてメールに反映させるのです。

「もっと関係を深めたい人」に送るスペシャルメール

「この人とはぜひつながりたいな」と思う人の場合は、**そこから一歩進んだメールを送**

る場合もあります。

相手と何を話したかというのをしっかり覚えておいて、家に帰ってその人の専門領域に近い知り合いがいないか調べてみます。

知り合いがいたら、次のようなメールを送ります。

「○○さんは最近、『道の駅』巡りを始めたとおっしゃっていましたよね。じつは、私の知り合いに関東の道の駅を回ってブログを書いていて、結構人気になっている人がいるんです。私も道の駅に興味があるし、今度一緒に話を聞きに行きませんか？」

「自分も興味がある」と言い添えることがポイントです。

「唯一無二のお礼メール」でグッと相手の心をつかむ

第4章

ランチや個室・カウンターはどう使う？「誰と」「どの店で」「何を」食べるか「最高の会食術」

【人脈づくりは「会食」に始まり「会食」に終わる！】

人の輪は「食事」から広がっていく！

すでに述べたように、私の人脈づくりには「食事（会食）」が欠かせません。

みんなで集まっておいしいものを食べて、おいしい酒を飲んで、楽しく会話することで、お互いの距離が縮まり、そこからまた輪が広がっていく……それが私の交流術のすべてといっても過言ではないくらいに「食事」は重要です。

（自分主催の）会が盛り上がり、みなさんに「また参加したい」と思ってもらうためには、**「どんな人が参加するか」「どの店を選ぶか」**、**言い換えれば、「楽しい会話」と「おいしい料理」が決め手**だと思っています。

ですから、**店選びは非常に重要**です。

いい店は、料理がおいしいということはもちろんですが、**「店が醸し出す雰囲気、お酒、店の方のもてなし力、コミュニケーション力」**も重要だと思います。

すべてをひっくるめて「いい店」ということです。

アメリカの心理学者のグレゴリー・ラズランの研究結果で「人はおいしい食事を共にす

ると相手に対して好印象を持つ」ことがわかっています。

おいしい食事を共にとると相手との距離感がグンと縮まるというのは、食事と音楽をフックにして人脈を広げてきた私は何度も経験しています。

食事は本当に大切なアイテムです。

エピソード

深夜、国会議員の結婚記念日のレストラン予約に奔走した話

私はもう30年以上、いろいろな店に通ってきたので、幅広いジャンルでおいしい店をたくさん知っています。

「古河の連れて行ってくれる店は確実においしいし、しかも予約の難しい店だから」と言って、忙しい人、有名人も時間をつくって参加してくれます。

人から「おすすめの店を教えてほしい」と聞かれることも多いし、相手との会話の中でおすすめの店を教えてあげることも多いです。友人からは、「ミシュラン」をもじって、**「コガシュラン」**と呼ばれています。

実際に『ミシュランガイド東京』がはじめてできたとき（2008年）、試しに買って見てみたら95％が知っている店でした。

またこの話をすると、だいたい「ぜひ自分にも紹介してほしい」となります。

ある日の夜、携帯が鳴ったので出てみると、知り合いのベテランの国会議員からでした。

「明日が結婚記念日だということをすっかり忘れていた！　いまからでも妻が気に入ってくれそうな、雰囲気のいいレストランを紹介してもらえないだろうか」

と切羽詰まった声で言うのです。

私はこういう類の頼みごとをされると、アドレナリンがいっきに噴き出して、やる気モード全開になります。

私のスマホの電話帳にはフレンチ70店、イタリアン30店が登録されています。早速「ここは」と思うところに電話をしまくって、なんとか予約を入れることができました。

店主には「日ごろから大変お世話になっている人の結婚記念日なので、丁重なおもてなしをお願いします」と頼みました。

会食の翌日、その国会議員の方から電話をいただき、丁寧なお礼の言葉とともに、「あの店を大変気に入ったので、別の機会にもぜひ行かせてもらいたい」

との言葉もいただきました。

店主からも「すばらしい方を紹介いただき、ありがとうございました。お気に召してくださったようで、その後も当店をご利用いただいています」と大変感謝されました。

私は店を予約しただけなのに、紹介した相手、店からも感謝されとてもうれしかったです。

店を知っておくことは大事。いい店を知っておくことはそれ自体が社交術になる

「会食の目的」を明確化する

店を選ぶ際は、「会食の目的」に見合った店を選ぶことが肝要です。ということは**「会食の目的」をまず明確にする必要があります。**

私の場合、「会食の目的」は次の4つに分かれます。

会食の目的
1 「飲食」がメイン

ひとつめは、**飲食がメインの会（いわゆる、食事会、グルメ会）**です。食べることが好きな人、お酒が好きな人を集めて会を開催します。

おいしいイタリアンを食べに行こうとか、ワインを飲みに行こうとか、日本酒を飲みに行こうとか、いい店で開けばみなさん喜んで集まってくれます。

会食の目的
2 「人の紹介」が目的

2つめは、**人を紹介する、あるいは知り合いから人を紹介してもらうための場としての会食**です。「今度、○○さんを紹介するよ」「△△さんと3人で会おう」という場合、食事をしながら、というのが普通です。

会食の目的

3 「1対1」で人間関係を強化

3つめは、**人間関係を強化するための「1対1」の食事**です。

内向型人間の一番苦手な会食となるかもしれません。

しかし、相手との強固な関係を築くためには、1対1の食事は重要です。どうすれば1対1でもスムーズに会食ができるかは後に説明します。

1対1の食事のシチュエーションは、「親交はあるが、はじめて1対1で食事をする場合」と、「何度か会っているが、より親しくなるために、改めて1対1の食事に誘う」場合の2通りがあります。

会食の目的

4 「会話」がメイン

4つめは、**「会話がメイン（談義・議論の場）の食事会」**です。

私だったら音楽の話をしようとか、なにがしかの勉強会を開こうということで集まります。

講師役として、その道に詳しい人を呼んで話を聞こうとか、レクチャーをしてもらうというときもあります。

コラム

「洋食屋」でおもてなし！

「チキンバスケット」「オムライス」「ナポリタン」「ハンバーグ」を出す、いわゆる「洋食屋」は意外と男性同士の来客が多いそうです。

私の子ども時代のご馳走といえば、こうしたケチャップを使った料理でした。同世代で行けば、先に述べた昭和歌謡と同様に当時の共通体験で盛り上がると思います。

また、洋食屋は年配の方にも意外にウケるものです。

というのも接待慣れしている人は、連日、同じような懐石、中華に飽きていることが多く、そのような人を「洋食屋」に連れて行くと大変喜ばれます。

その人の少年時代の東京はどんな街だったとか、都電がどこからどこまで走っていたかなど、貴重な話も聞けます。

高級感のある店もあり、お世話になった年長者の方をお誘いするときに最適です。

【達人が伝授！ 絶対失敗しない店選びの奥義！】

和食、フレンチ・イタリアン、中華はどう使い分ける？

では、会食の目的によってどんな店を選べばいいのでしょうか。

ここでは、「和食」「フレンチ・イタリアン」「中華」のジャンルごとにそれぞれのメリット・デメリット、目的別の向き・不向き、それからこんな使い方もできるという「意外な使い方」について解説していきます。

誰にでも受け入れられる 和食

メリット

- 素材重視の料理、季節感ある料理が味わえる
- 和食の苦手な人はまずいない。見た目にもわかりやすいので安心して食べられる
- 酌をし合うことで、お互いの距離を縮めることができる

- VIPな人を紹介いただく場合には、懐石などきちんとした和食を選ぶことで紹介いただく人への感謝を示せるとともに、紹介者に恥をかかせないことにもなる
- 年配者の方には、敬意を表することになる
- ヘルシーで健康志向の人にも喜ばれる
- 誰もが親しみがあるのでリラックスしてもらえ、時間も短時間で済むので、まだあまり親しくない人、忙しい人との会食にいい

デメリット

- 昨今の材料費の高騰の影響を受けやすい。とくにいいものはかなり高値になってしまう

意外な使い方・効果的な使い方

おでんや割烹の店を利用すると、お互い好きなものを別々に食べることができます。食事量も各自コントロールできるという利点があります。

相手の出身地（自分の出身地でも可）の郷土料理、地酒の店を選ぶと、その話で大いに

盛り上がることができます。

特別感を演出するならここ ▶ フレンチ・イタリアン

メリット

（フレンチ）

- 特別感、豪華なイメージがある
- 親しい人、いつも会食をするメンバーの誕生月、定年祝い、永年勤続、創業何周年などの「記念日」に利用するのに最適

（イタリアン）

- 気軽な会食に使える。ショートコースにすれば、短時間で終わることができ、まだ親しくない方との会食によい
- 素材をあまり加工せず出す場合が多いので、好き嫌いに対応しやすい
- 経験上、イタリアンが嫌いな人は少ない
- イタリア人の接客の店は明るく、にぎやかな店が多いので、こちらも多少大きな声

を出しても気にならない

- アラカルトも充実した店が結構あり、メニューも想像しやすい

デメリット

- 店によってはドレスコードがあるなど、格式ばったところがあるので、事前に確認が必要
- 大声を出しづらい雰囲気の店もあり、大人数の会食にはあまり向かない（個室ならＯＫな場合も）
- シェフはたいてい厨房にいるので、コミュニケーションがとりづらい
- 伝統的なフレンチはバター、チーズを多用する料理も多いので、健康志向の人には敬遠される場合もある

意外な使い方・効果的な使い方

シェフによって得意な料理が違うので、**「どこどこのシェフの得意料理を堪能する会」**、フランス料理も年代によって流行りのもの、調理方法が違うので、たとえば**「１８７０年**

代に流行っていた料理を食べる会」など、**いろいろな趣向の食事会を企画すると、みなさんに喜んでもらえる**のではないでしょうか。

ワインについては値段が気になるところですが、値付けは店次第のところがあり、予算が読みにくいのが難点です。**お店の人に、あらかじめ予算を伝えておくといい**と思います。

中華

気軽に楽しめてコスパがいい

メリット

- 庶民的で気楽、大人数でも楽しめる
- ご飯類、野菜、肉、魚、麺類といろいろ食べられるので中華を嫌がる人はあまりいない
- 比較的、短時間で料理が出されるので、ランチなど短い時間の会食に向く
- 値段も手ごろな店が多く、コスパがいい
- たいてい見ればわかる料理なので、あらかじめ、店に料理の説明を省略するように

- 頼んでおけば、議論を中断しなくて済む

デメリット

- 油っこいので、敬遠する人も多い
- 大皿で出される場合は取り分けに手間がかかるし、会話も中断する（事前に店のほうで取り分けて出してくれる店がいい）

意外な使い方・効果的な使い方

中華は、回転式の「丸テーブル」が会食に非常に使い勝手がいいです。

隣の人だけではなく、斜め前の人などみんなと話せて和やかに食事ができます。議論に使う場合、参加者全員の顔が見られるため、話し合いが活発になります。

また大皿料理から小皿に取り分けて食べるので、自分のペースで食べることができます。

ただ、テーブルを回して、自分のところに皿を持ってくるタイミングが難しいというデメリットもあります。

その場合は、隣の人に料理をとってあげるタイミングで自分もとるといいでしょう。

「会食の難易度が高い店」とは？

和洋中のそれぞれのメリット・デメリットについて述べてきましたが、料理ジャンルとは別に、場合によっては会食の難易度の高い店というのがあります。

それは、焼き肉、鍋、寿司、天ぷらなどです。

焼き肉、鍋は初対面の人、あまり親しくない人と行くのは少々難しいと思います。とくに**女性の場合は「よく知らない人とひとつの鍋をつつくのは抵抗がある」「初対面の人と焼き肉はちょっと食べづらい」という人が結構います**。

寿司と天ぷらは出てきたらつくりたて、揚げたてをすぐに食べないといけないものです。出されたものに手を付けずにゆっくりしゃべっていたら**一番おいしいところを逃してしまうし、大将、職人にも申し訳ない**です。そういう意味でこれらの店には**「会話がメイン」というより「食べることをメイン」として行くのがいい**ように思います。

というより、以上に挙げた店はすべて「話をメインとする会食」としては少々難易度が高いというだけで、**その料理を目的として食べに行ったり、親しい人と合意のうえで食べに行ったりするのはまったく問題ありません**。

私は焼き肉も寿司も大好きです。気の置けない友人二人と「おやじ焼き肉の会」というのを定期的に開いているぐらいです。

人脈づくりのコツ

寿司、天ぷら、焼き肉、鍋は難易度が高め

コラム

人を食事に誘うときの店選び

人を食事に誘う場合、事前に相手の好みのジャンルを確認しておき、それを念頭に選びます。

連絡をする際に、「以前、○○さんは和食には目がないとおっしゃっておられましたので、和食の店にしました。お口に合うといいのですが」と一言添えると、相手はそんなことまで覚えてくれていたかと感動すると思います。

相手の好みがわからないときは、紹介者がいる場合は紹介者に「今度、○○さんと食事しますが、あの方は何が好きですか？」と聞いてみるのもいいと思います。

あるいは、ストレートに本人に聞いてみるのもいいかと思います。

ただ、そういうときは、だいたい「お任せします」と言われるので、和食、フレンチ・イタリアン、中華のどれかから、目的に合致した店を選ぶことになります。

【料金、席、お酒の選び方もポイント】

目からウロコのお酒の選び方・飲み方

私が会を開くときは、**飲み放題にすることが多い**です。

あまり飲まない人、ソフトドリンクの人もみんな料金一律にしてもらっています。

一方、**飲み放題のデメリットは「それなりのお酒」しか出てこない**ことです。

たとえば1万円の会費で「ワインが飲み放題」というときに1万円のワインは出てこないです。

それから「飲み放題はビールがおいしくない」という人もいます。

生ビールはサーバーの管理状態がモノを言うそうですが、店によって味に善し悪しがあるのも事実です。

そこで私がよくやるのは、**飲み放題にして、お酒を持ち込む**という方法です。

普通のオーダーでお酒を持ち込むのはNGだったり、持ち込み料がかかったりしますが、**飲み放題の場合に、お酒を持ち込むのはたいていOK**してもらえます。お店にしても、その分、お酒の提供量が少なくて済むわけですから、悪い話ではないですよね。

私がよく持っていくのはワインです。

私はワインをいただくことが多いのですが、家ではほとんど飲まないので、こういうときに持っていきます。「もらいものなので」といえば、みなさんに負担感なく飲んでもらえます。

お店のスタッフに「ちょっと味見にいかがですか？」と声をかけて飲んでもらったりします。

ワインのほかには、**日本酒やシャンパン**を持っていくこともあります。

超使える裏技！「飲み放題」にして好みのお酒を持ち込む

エピソード

カウンター越しに食の勝負！

最近は店主1人、あるいは2人ぐらいでオペレーションしていて、「6人から8人のカウンター席のみ」という店も結構増えてきています。

そういう店はたいてい店主のこだわりがあり、我々6~8名と店主の「食の勝負！」みたいな雰囲気になることがあります。

店主のこだわりがこちらにも伝わり、こちらの食に対する熱意はカウンター越しに伝わるといった感じです。

私の会は食に詳しい人、すごい味覚の持ち主が多いので、店主の方もそれなりの気概でのぞんでくださっているような気がします。

カウンター席は使い方次第！

会食の場合、席はほとんどがテーブルですが、あえて**カウンターをチョイスすることも**

あります。あるいは「カウンター貸し切り」というのもやります。和食が多いです。

カウンターはあまり人数が多いと端と端の人は会話ができないけれど、**4人ぐらいまでなら、横並びでも話すことができます**。

あと、カウンターは客同士が向かい合わないので、初対面の人、あまり親しくない人と食事をする場合に向いています。

とくに**初対面の相手との場合、和食のカウンターは意外と便利**です。話が途切れたら、大将に食材の話や調理方法を聞いてみるというワザが使えます。

また、たとえば旅行の話になったときに、横に座っていると、自分のスマホから景観地などの写真を見せて話を盛り上げることができます。

それから、**カウンターの「角」を利用した3人会**

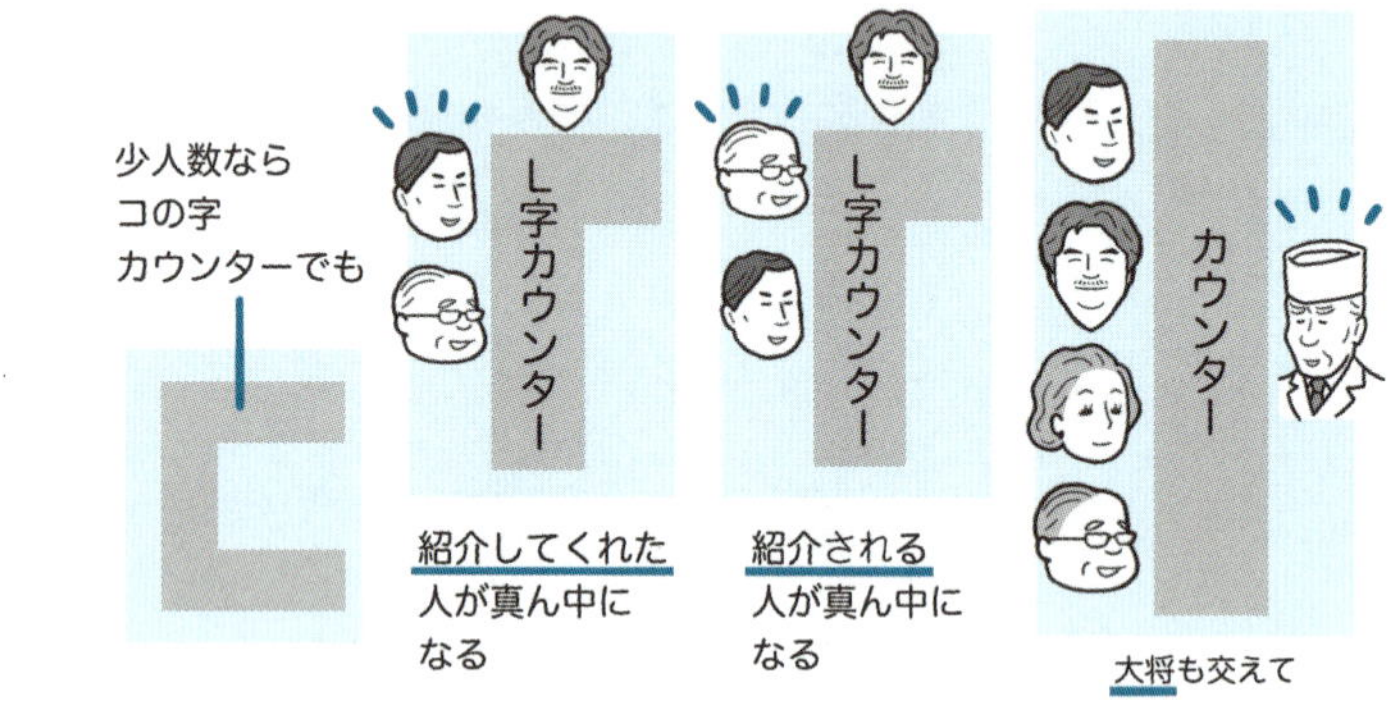

紹介される人が真ん中になる

紹介してくれた人が真ん中になる

での会食もよくやります。

角にひとりが座り、その人を真ん中にして両側にひとりずつ座ります。真ん中は紹介してくれた人か、紹介される人、どちらでもいいと思います。

この座り方だとお互いの距離が近く、3人全員が話しやすいという利点があります。

また、少人数の会食で「コの字型」を使うのも話しやすいかと思います。

エピソード

和食店主のナイスアシスト

これはある和食店の大将から聞いた話です。いつもいらっしゃる「なじみのお客さん」が、お連れさんと来店されたのですが、いつもはそのお客さんはテーブル席なのに、珍しくカウンター席を予約されました。

カウンターに座った2人は会話もなんとなくぎこちなく「見るからに初対面」といった感じでした。「なじみのお客さん」は話が途切れると、いつもは聞いてこないような食材の話を聞いてくるなど、大将に哀願するような雰囲気だったそうです。

そこで大将は進んで料理の説明をしたり、相手の出身地を聞いて「その場所は○○がおいしいから今度いらっしゃったときは、それをうち流の調理で出しましょう」とタイミングを見計らって話しかけたりして、助け船を出しサポートしました。

相手を送ったあと、なじみのお客さんは「今日は本当に助かった。大将のおかげで話が途切れそうになったときも持ち直すことができて、場が持った」と大変感謝されたとのことです。

個室の使い方と注意点

落ち着いて静かに会食をしたいとき、人に聞かれたくない話をするときに活用するのが個室です。

よく知っている店の個室なら問題ないのですが、**はじめての店の場合、個室選びはちょっと気をつけたほうがいい**と思います。

というのも、**ベニヤ板で区切っただけの「なんちゃって個室」**で、隣の声が丸聞こえだったり、騒々しかったりすることがあるからです。あるいは**行ってみたらやたら狭くて「閉じ込められた感」がすごい**場合も……。

ネットなどで「個室あります」と書かれていても、**実際に行ってみないとわからないこ**

とがいろいろあります。

はじめての店で個室を予約するなら、できるだけ下見をするほうがいいと思います。

初対面の人との会食はカウンターが便利。話が途切れたら大将に助けてもらう。個室は「なんちゃって個室」もあるので、できるだけ下見をする

【「行きつけの店」をつくる奥義】

行きつけの店を持つことの重要性

内向型人間が人脈を広げる際、とても大事になってくるのが**「行きつけの店」**です。

内向型の人間は、自分のなじんだ環境で力を発揮します。店の大将が幹事（自分）をサポートしてくれるのも大きなメリットです。

場を盛り上げてくれたり、合いの手を入れてくれたり、自分の人となりを自然に紹介してくれることは大きいです。また、「こういうメニューをこのタイミングで出してほしい」

など少々の無理をお願いすることもできます。

行きつけの店には、お店と自分の関わりにおいて、なにがしかのエピソードがあるはずです。

長年通えば、いろいろなメモリアルな経験があります。また、誰に紹介してもらったか、どんな人が来るかと話題にできる材料もあることでしょう。たとえば、自分が昇進のときに尊敬する上司に連れてきてもらった縁起のいい店であるなど。

これだけでも話題になるし、スペシャルな店だと相手にアピールすることで、**「そんな特別な店に連れてきてくれたのか」と感動してもらえる**かもしれません。

どうやって行きつけの店をつくるか？

では、行きつけの店は、どうやってつくればいいでしょうか？

一番手っ取り早いのは、**食通の知り合いに紹介してもらうこと**です。

できれば一度、その人に連れて行ってもらいましょう。そうすれば、何がおいしいのか、どういう使い方をお店の人は喜ぶか、店の雰囲気、常連への接し方がわかります。

また以前連れて行ってもらった店で、もう一度行ってみたいと思う店があれば、そこに行ってみるのもいいでしょう。

ガイドブックやSNSの評価をもとに行ってみるのも、もちろんOKです。

ただしその場合は、**1回だけでは、いい店かどうかわからない可能性があるので、何回か行く必要があります**。

こうした行きつけの店は何店持っていたらよいのかというと、まずは次のジャンルで合計7店を目標にしましょう。

- **和食2店（うち8名程度のカウンターがある店1店）**
- **フレンチ1店**
- **イタリアン1店**
- **中華2店（うち個室が充実した店1店）**
- **これとは違うジャンルで自分の好きな、とっておきの店1店**

これだけでも、かなり店のリストは充実します。

内向型人間は「行きつけの店」を持つことが大事。
行きつけの店なら安心して力が発揮できる

エピソード

ムチャブリが生み出した「絶品イタリアンお好み焼き」

店主と仲良くなると、ちょっとしたお願いを聞いてもらったり、メニューにない料理をつくってもらったりすることもできます。

先だってはイタリアンの店で予約のときに、「お好み焼きが食べたいので、広島風お好み焼きをつくってほしい」とムチャブリをしてしまいました。私は広島出身ですから、お好み焼きといえば広島風一択です。

そしたらなんと、それはそれは見事な広島風お好み焼きが出てきたのです。

食べてみると、これがもう絶品。

具材は全部イタリアンのものを使いつつも、味は完全なお好み焼きなのです。圧巻なのは芸術品のように美しい紋様のソース。これがもう故郷の味であるオタフクソースとしか思えません。

なんでイタリアンの店にオタフクソースがあるのかと思って、「このソースはどうしたの?」と聞いたら、なんとバルサミコ酢の古い物とはちみつと何かの調味料を合わせてつくったのだそうです。これには驚きを禁じえませんでした。

腕のいいシェフは「この食材を合わせたら、こういう味になる」というのが頭の中で組み立てられるのですね。

行きつけの店を持つと、こんな楽しいやりとりができる特典もあります。

行きつけの店をつくるための5つのポイント

行きつけの店をつくるには、**その店に何度か通って、店主と仲良くなること**が早道です。

では、どうやって仲良くなればいいかということですが、これには**私なりの長年の店通いから得たポイント**があります。

ポイント1 料理の説明を聞くことに集中する

まず、**和食ならカウンターのある店、洋食なら小さい店を選びます**。

そういう店ではシェフや大将が自ら料理を出してくれて、その都度説明があります。

「こちらは富山の氷見ブリをサッとあぶってたたきにしたものです」

「イタリアから輸入したフォンティーナというチーズを使ったリゾットです」

などといった具合です。

重要なポイントとして、その説明にしっかり耳を傾けることです。この説明でその店、料理人が何に力を入れているのか、何がおすすめなのかがわかります。

ところが、**これを聞き流してしまう人がいる**のです。自分たちの話を止めない人、説明をろくに聞かずに料理の写真を撮りはじめる人すらいます。

これは大NGです。**料理の説明は、真剣に聞きましょう**。

私の主催する会は、たいていみなさんしっかり説明を聞いてくれますが、もし話を止めない人がいたら、「ちょっとすみません、料理の説明があるから聞きましょう」と制して聞いてもらうようにします。

料理人の立場になって考えたら、やっぱり一生懸命つくったものだから、料理の説明は聞いてほしいですよね。その気持ちをないがしろにするのはタブーだと思うのです。

そして料理をいただいたあと、帰り際でもいいのですが、**上記を踏まえたうえで、何がおいしかったか、どんなことに感動したか、自分なりの感想を伝えます**。

これは私が常に心がけていることです。

あるいは皿を下げてもらうときに、

「これはおいしかったけど、どうやってつくったの？」
「この食材はどこで調達するの？」
などと聞いて、「これはこうやってつくりました」と教えてもらい、その話でひとしきり盛り上がることもあります。

いずれにしても、店主と仲良くなるためには**通った数より、感動を伝えることが何より大事**だと思います。

ポイント2

予約の電話をかける時間に気をつける

予約の電話をかける場合は、誰でもされていることでしょうが、ランチタイムなど忙しいときは避け、余裕のある時間帯にかけます。

私の場合は、店の開店時間の直前、午前中なら11時、午後なら4時ぐらいにかけることが多いです。

ランチ営業が11時半、あるいは12時、ディナーの営業が夕方5時からという店が多いからです。もちろん開店時間は店によって異なるので臨機応変に考えます。

ポイント3

店のスタッフも「会の一員」と考え、積極的にコミュニケーションをとる

「ポイント①」にもつながることですが、私は**店主、店のスタッフも食事会の一員**だと考えます。

料理の説明を真剣に聞くというのもそうですし、持ち込んだお酒を試飲してもらったり、話しかけて積極的にコミュニケーションをとったりするなど、**一定の敬意を払いつつも「仲間」という意識で一緒に会を楽しんでもらう**のです。

あるいは会の前にちょっと早めに行ってスタッフと話をしたり、終了後に残ってメモをとるとき（これは206ページで説明します）にもコミュニケーションをとったりします。

ポイント4

終了時間を守る

これも結局は店側に対するリスペクトということなのですが、21時なら21時、22時なら22時と、**約束した時間にきっかり終わる**ことです。

たとえば21時までという話だったのに、会が盛り上がって、ついつい20分過ぎ、30分過ぎ……、ということはわりとよくあることではないでしょうか。

店側にしてみれば、「お約束の時間が過ぎたのでお帰りください」とはなかなか言いづらいものです。

でも、片付け・掃除もあるし、翌日の仕込みもあるし、本当は時間どおりに終わってほしいはずです。

会社員でいえば、サービス残業を強要されているようなものですから。

だから、いつまでも**ダラダラしないで約束の時間に終了する**ようにしています。

ポイント 5

リピートしてくれそうな人を紹介する

お店を好んでくれて、リピートしてくれそうな人を紹介します。

たとえば、接待の店を探している人などです。もちろん、自分でも接待をするときなどはその店を使うようにします。

あとの項目で述べるように、私は自分の会を開催するときは、行きつけの店の場合は、店と相談して予算に合わせた料理を提供してもらっています。その代わりといっては何ですが、接待などほかの用途でできるだけ利用することにしています。
多少の無理をお願いしている分、**意識してそのお店を利用して、お互いにメリットがあるように**しています。

> 自分が利することだけを考えるのではなく、店にとってのメリットも考えていい関係を築く

【店選びで自分も成長していく】

行きつけの店をつくるために、じつは一番大事なこととは

私が店選びで一番大事だと思うことは、やはり店主とのケミストリーが合うかどうか、相性がいいかどうかということです。

「来てくれてありがとう」と喜ばれたらやっぱりうれしいし、店主の「この人を精一杯もてなそう」という気持ちが伝わってくると「次も必ずこの店に来よう」と思ってしまい

ます。

店のスタッフから「今日大将が大変機嫌がいいですよ。何を出そうかと今日の席を楽しみにしていたようですよ」などと言われれば、とてもうれしいです。

この店主とのケミストリーは、もちろん人によって異なります。

たとえば、私はかなり個人的にも親しくなるほうで、向こうも雑談をしてきたり、「古河さん、こんな料理をつくってみたんだけど、ちょっと試食してくれない？」というふうに料理を出してくれたりします。

一緒に行った人たちも、「このやりとりが面白い」と言ってくれます。

私はそういうやりとりを楽しんでいますが、人によっては「自分はあまりグイグイ来られるのは好きではない」と思う人もいるでしょう。

そういうことも踏まえての**相性**だと思います。

店選びで一番大事なことは店主とのケミストリー！

いい店は「つくり上げていく」もの

これは私の意見になりますが、**いい店というのは「見つける」だけではなくて、「完成形をつくっていく」ものだと思う**のです。

何度か通って、ここのシェフはこういう料理が得意だとか、この大将はこういう人なんだとか、その店をだんだん理解していきます。

また向こうも、「この人はこういう料理が好み」「こういう酒が好きだからそれに合わせた料理を出そう」とか、こちらのことをわかってくれるようになります。

やはり、相互理解の関係ができてこそのサービスです。

「いい店はつくり上げていくもの」というのは、そういう意味です。

エピソード

全力自転車で忘れ物を届けてくれた店

先だって、都内のある店に行ったときの話です。

その店は多国籍料理を出す店で、私ははじめて訪問する店でした。料理はとてもおいしく、リーズナブルな値段でした。

楽しく飲食して解散となり、駅に向かって歩いていると、後ろから私を呼び止める声が聞こえます。

なんと、店のスタッフの方が、私の忘れたスマホを自転車で届けてくれたのです。

その店は駅までそこそこの距離があり、大通りが2本通っていて、駅までいろいろな行き方があるのです。それを自転車であちこち走り回って探してくれたのだと思います。私が後ろから見ても見つけやすい体型をしているせいもあったかもしれませんが。

店にスマホを忘れた場合、「あとから気づいて電話がかかってくるだろう」と考えて待つというところが多いのではないでしょうか。

それをスタッフの方は「とりにくるのは大変だし、短時間であってもないと不自由だろうから」と、一生懸命自転車を飛ばして私を探してくれたのです。

これは本当にありがたく、感動しました。こういう店こそ、行きつけにしたい店です。

【グッと距離が縮まるランチ術】

ランチは**1対1でも比較的抵抗感がないので、知り合って間もない人も気軽に誘えます。内向型人間こそランチを上手に活用するのがいい**と思います。

ランチは「3つの目的」で使い分ける

私はランチを、主に次の3つの目的で利用しています。

①1対1で相手と交流を深めたい場合
②人にレクチャーをお願いする、あるいは仕事の情報交換の場として
③人を紹介する機会として（3人会）

以下、説明していきましょう。

3つの目的

1 1対1で相手と交流を深めたい場合

知り合ったばかりの人に「今度飲みに行こう」というのはちょっと難しくても、「今度ランチでもいかがですか？」と誘うのはあまり抵抗がありません。**「僕が近くまで行きますので」といえば、断る人はほぼいません。**

夜はみなさん、いろいろ予定を入れますが、**意外とランチは予定を入れていない人も多いものです。**

時間も1時間、マックスでも1時間半ですから、相手も付き合ってくれることが多いです。

お会いしたときには、なるべく相手に話してもらい、相手の情報を得る努力をします。

アポをとるときに、目的をしっかり告げておきましょう。

「○○さんのこういうところに興味を持ったので」

「○○さんがお詳しい△△のお話をお伺いしたい」

など目的を伝えます。

あいまいな感じで「お会いしたい」と言うと、何かの勧誘と思われて警戒される場合もあるので、目的を伝えることは重要です。

3つの目的

2 人にレクチャーをお願いする、あるいは仕事の情報交換の場として

相手の専門分野、相手が詳しい分野についてレクチャーをしてもらったり、仕事の情報交換を行ったりするものです。

たとえば何かの会、あるいは仕事でお会いした人がすごく面白い話、興味のある話をしていて、「その話をもっと聞きたい」というときはランチがぴったりです。

「その話、とても興味があるので、別の機会にもうちょっと詳しく教えてもらえませんか？」というようにお願いしておきます。

あるいは**仕事上、ある分野について知っておきたいとき、詳しい人からレクチャーしてもらう場としても、ランチはうってつけ**です。

物事はやっぱりその道に詳しい人から直接教えてもらうのが一番頭に入ります。自分の理解に合わせて話してくれるし、わからないときは質問もできるからです。

ランチのアポがとれたら、限られた時間で目的を達成するために、何の話をするか、何

を教えてもらうか、どのようなアドバイスをしてもらうか、事前にシミュレーションして、それを相手にも伝えておきましょう。親切な人は資料をコピーして持ってきてくれたりします。

レクチャーをお願いした場合は、感謝の気持ちで食事代はこちらが持ちます。

あるいは、**相手の負担にならない程度の、ちょっとした手土産（後述）を渡してもいい**でしょう。

3つの目的 3
人を紹介する機会として（3人会）

AさんにBさんを紹介する場合、あるいは誰かを紹介してもらうなど、**「紹介の場」としてのランチ**です。89ページの「3人会」を参照ください。

人脈づくりのコツ

ランチは人脈づくりの端緒となる

ランチの店選びの奥義

ランチの店選びは重要です。いろいろな人が入れ代わり立ち代わり、あわただしく食事をして出ていく……みたいな店ではゆっくり話もできません。**落ち着いて話のできる店、できれば個室でゆっくり話ができる店を普段から何カ所かストックしておくといい**と思います。

だいたいそういう店は通常のランチより少し高くなってしまうのですが、都内だとちょっと高めで3000〜3500円。このぐらい出すと、中華でもイタリアンでも落ち着いて話せる店があります。

はじめての店、よく知らない店であっても、**ランチで3000円ならはずすことはほぼない**と思います。

東京以外なら、もう少しリーズナブルな価格で探せるでしょう。

こうすればランチでいい席をおさえることができる！

ランチにおいて、相手に負担をかけないための私なりのコツがあります。

ひとつめは相手の近くに行くこと。

ランチですから相手は職場で仕事をしている場合も多いはずです。相手が大手町に勤めているなら、大手町付近に場所をセッティングします。

雨のときは、相手の勤務先の近くか、駅近で極力濡れない場所を選びます。

それから**時間は1時間、マックスでも1時間半**としています。相手も仕事があるし、そうでなくても昼に長々と時間をとられるのは迷惑です。

店の予約をする際は必ず、**「申し訳ないのですが、仕事の話をする必要があるので静かなところ、隅っこにしてください」**とお願いしています。電話のときは口頭で、ネット予約の場合も店へのメッセージを書く欄があるので、そこに書きます。

店によっては「席の希望は承れません」ということもあるのですが、その場合は自分だけ早く行って端の席をとっておきます。

知っている店、使い慣れた店だと、満席にならない限りは隣の席を空けてくれるなど融通してくれることが多いので、やはり行きつけの店を持つことは大事です。

ランチでいい席をおさえるためには、予約のときに事情を話しておく

【朝食会（朝活）のやり方】

私は朝食会も適宜開いています。**朝に予定を入れている人はほとんどいないので、超多忙な人にも参加してもらえる**ことが大きなメリットです。

朝食会のやり方 1　時間は8時スタートで1時間

とくに講師を呼んで勉強会をするのは朝食会が最適です。講師のスケジュールもとりやすいです。

時間は8時スタートで1時間。だいたい7時45分から入ってもらって、来た人から朝食を食べていただき、8時に講師の話を始めてもらいます。

講師ご自身はゆっくり食べていただく時間がないのが申し訳ないのですが、質問タイムや参加者の自己紹介タイムの間に食べていただくようにしています。

ひとり3000円も出せば、個室で、ちゃんとした朝食メニューが出てきます。

朝食会のやり方 2

講師への謝礼はケースバイケース、講師とウィンウィンが成り立つ努力を

どんな勉強会をするのかということですが、ちょっと前には、WHO（世界保健機関）で新型コロナウイルス感染症を担当されていた人が帰国されたので、その人に講師をしてもらったことがあります。

あるいは、政治評論家に目下の政治の動きについて解説してもらうこともあります。

私の場合は知人に講師をお願いしているので、謝礼なしで話をしてもらいます。

たいてい私が幹事をしている会のメンバーですので、そのお返しを込めてボランティアでやってくれます。

ビッグネームであっても、「朝メシ食わしてくれればいいよ」といって無料で来てくれることがほとんどです（ただ、講師によっては謝礼をお渡しする必要があるかもしれません）。

「謝礼はないが、参加者が1人1冊ずつ著作を購入させていただきます」といえば喜んで来てくれたりします。

また、参加者にも配慮しています。

講師の話に興味を持っている人を呼んでいますが、加えて講師の方とビジネスなど何らかの形でつながりが期待される人を呼ぶように努めています。

講師ともウィンウィンの関係が成り立つ努力が必要です。

コラム

「毎日外食」でも健康を維持するコツ

私は会社員時代から今日にいたるまで、平日はほぼ毎晩会食、ランチも週に3～4回が会食という日々です。

「そんなに会食続きでよく健康を保てますね」と時々聞かれます。

まあ少々肥満気味なのであまり威張れませんが、それ以外はとくに大きな病気や異常もなく過ごすことができています。

私なりの健康法として心がけているのは「歩くこと」です。

本当はスポーツジムなどに行ければいいのですが、ほぼ毎日、昼、夜と会食があるので時間的に難しいのです。

その中でできることといったら、やっぱり歩くことになります。

なるべく電車やバスには乗らないようにして、数駅分ぐらいなら平気で歩いてしまいます。「目的地の2駅手前で降りて歩く」などということもよくします。

もうひとつは、お酒を飲みすぎないことです。

お酒は好きなのですが、それほど強いわけではありません。会食が入っていない土日、自宅にいるときは飲まないことにしています。

毎日会食で浴びるように飲んでいたら、私も体を壊していたかもしれません。その意味では酒に強くないのが、かえってよかったのかもしれません。

健康あっての人付き合いですから、今後も体をいたわって人生を謳歌したいと思っています。

第5章

「幹事」ができたら、人間関係は急拡大する！効果絶大の「超ラクラク幹事術」

【誰も教えてくれなかった幹事術】

幹事にはノウハウがある

ここでは幹事の役割、会の運営の仕方について紹介していきましょう。

長年の経験から、「こうやったほうがいい」「こういうコツがある」というポイントがいろいろあります。

まず、幹事とはどんな仕事をするかですが、具体的には次のようなことを行います。

- 主催者と打ち合わせして、会の内容を決める
- 参加希望者の日程を調整して日時を決める
- 店の予約をする。店と打ち合わせして予算（会費）を決める
- 参加者に会の内容を案内する
- 開催が近づいてきたら、リマインドメールを送り、出欠を再確認する
- お店に最終人数を連絡する

- 当日、参加者から会費を徴収し、お店に支払う。領収書の発行を店に依頼する（このステップはお店にすべてお願いすることもあり）
- 会の司会・進行
- 閉会後の忘れ物の確認

やるべきことが多いように見えるかもしれませんが、ルーティーン化してしまえば、それほど大変ではありません。

以下、幹事の仕事のコツについて述べていきます。

幹事のコツ 1 「会の目的」を明確化させる

まず「どんな会にするか」を決めましょう。

「おいしいイタリアンを食べに行こう」

「○○という有名店の中華を食べに行こう」

「ワインを飲みながら大リーグについて語ろう」

「広島出身者で集まろう」
「ドバイに赴任していた人が帰国するのでいろいろ話を聞こう」
「AI（人工知能）についての勉強会を開くので興味のある人はどうぞ」
「『歎異抄《たんにしょう》』の研究家を呼んで話を聞こう」

など、いろいろ考えてみてください。

目的に合致する店を選び、案内を送ります。私の場合はメールがほとんどです。**できれば個別メールで、「なぜあなたを誘うのか」というコメントを入れるのが望ましい**です。CCの一斉メールは好ましくないと思います。

自分で開催する会は、第2章で説明したように知っている人を集めた食事会からスタートすれば気がラクです。

慣れてきたら、自分らしいユニークさを打ち出していくといいと思います。

私の会を例にすると、**自分の名前に「古」がつく人の会**というのを開催しています。これは現在メンバーが50名ほどいます。

名前に「古」がついている人と名刺交換したときに、入会をお誘いすると、たいていの人が興味を示して入ってくれます。

幹事のコツ

2 店はなるべく同じ店で

店を決め、予約をします。店選びについては前章で述べたことを参照していただければと思います。

食事やお酒を楽しむ会であればいろいろな店を回るのでいいのですが、**議論・話すこと中心の会であれば、極力同じ店を使うとよい**と思います。

私も、後述する**「ゆるいつながりの会」**ではだいたいいつも同じ店で開催しています。月3回ほどは使うので、**会の運営に合わせて料理を出してもらえるなど、いろいろ融通も利かせてくれます**。

定期的に予約してくれるお客さんは店にとってはありがたい存在ですので、お互いにいい関係を築くことができます。

幹事のコツ 3

開催時間は長すぎず、短すぎず

開催時間は、2時間半〜3時間が頃合いだと思います。

2時間でもいいのですが、やっぱりちょっと短いです。

最大のコツは3時間以上にしないことです。

長くなると飲みすぎる人が出てきたり、ネガティブな話をする人が出てきたりして、いいことがありません。

「もうちょっと話したい、名残惜しい」というぐらいがちょうどいいし、それが「また次回も参加しよう」というモチベーションにもなります。

またこれは別の事情になってしまうのですが、**2時間半だと料金がある程度抑えられる**のです。

飲み放題の場合も、2時間半と3時間では1人1000円違うということもあります。

人脈づくりのコツ

開催時間は2時間半〜3時間。
「ちょっと話し足りないな」ぐらいがちょうどいい

幹事のコツ 4 「配席」はしない

私の会では**基本的に座る席は決めません。来た順に自由に座ってもらいます。**

かつては席を決めたこともありました。

「この人とこの人は初対面だから、隣同士にすると気を使うかもしれない」

「この人とこの人を並べたらどうか」

と考えるのは楽しいですが、配席をしないことで次のように「思わぬ効果」があることがわかったからです。

自由に座ってもらうと、**出会いのサプライズ**が生まれます。

初対面の人同士で思わぬことで話が弾んで意気投合したり、「今度○○をやってみよう」など新しいことが始まったり。

出会いのサプライズから、新しいものが生まれていくのです。

ただし、**私（幹事）だけは席を決めていて真ん中に座らせてもらいます**。かつては端っこに座っていました。料理やお酒の注文もあるし、常識として幹事なのだから端っこが当然だと思い込んでいたのです。

ところが実際にやってみると、端っこでは全員に目配りができないのです。向こう端の○○さんが話の輪に入っていないとか、お酒が行きわたっていないとか、そういうことに目が行き届きません。

また**端に座ってしまうと、向こう端の人に対して声をかけづらく**なります。真ん中だと「○○さん、最近は趣味の△△はどうですか？」などと全員に声をかけやすいです。

エピソード

話題が偏ったときは強引にでも話を変える

先日も10人で音楽の会を開いたのですが、ちょっと話題が偏ってしまいました。その話が好きな人は楽しそうに話しているのだけど、その分野に詳しくない人はついていけない感じになってしまったのです。

ふと見ると普段よくしゃべるDさんがほとんど話をしていません。この状況はあまりよくないなと思いました。

そこで「全然話は違うんだけど、みなさん最近、何の演奏会に行きましたか？」と言って、いささか強引に話を変えてしまいました。

そこから話題が変わって、Dさんもいつものように楽しそうに話しはじめてくれました。


これも、真ん中に座っているからこそできることです。

でも、これに気づいたのは最近です。トライ&エラーで学んだことです。

スムーズに進行するためにも、幹事は真ん中に座る

全員に対して目配りを忘れない

先の話にもつながりますが、幹事が気をつけなければいけないこととして、**「取り残される人がいないか」**ということがあります。

みなさんが自由に話して盛り上がっているときも、**全体を見渡して、話に入っていけてない人がいないかをチェック**します。もちろん自分も楽しく話していていいのですが、時々気をつけて見渡すことが大事です。

というのも、たとえ少人数の会であっても、**取り残される人がどうしても出てきてしまう**からです。

そのようなときは、先ほど述べたように、**やや強引にでも、その人に話を振ります**。その人が初対面の人だったり、それほどよく知らない人の場合には、後述する「メモ」が役に立ちます。

メモをもとに「△△さん、さっきＤＩＹが趣味で講師もされたとおっしゃいましたが、その講座ではどんなものをつくられたのですか？」などとさりげなく話を振ります。

内向型人間であればご理解いただけると思いますが、**あまり積極的に話をしていない人、**

無口に見える人であっても、押し黙ったまま過ごすのは本意ではないのです。

会に参加している以上、やっぱり自分も話をしたいはずなのです。

押し黙ったまま会が終了し、「全然話ができなかった」という不満の気持ちを持ってしまうと、その人は次回はもう来てくれないかもしれません。

逆に言えば、**人は自分の話を聞いてもらうと満足感が高まり、その会の貴重な支援者になってくれる**ものです。

ですから、**取り残された人、話していない人には議論を中断しても、あるいは議論の中でこじつけになってしまっても、その人が話をできるよう持っていく配慮が重要**です。

私も時には「あれはちょっと強引だったかな」と反省することもあるのですが、これをすることで、すごく喜んでくれる人がいるのです。

先だっても、「初参加の知り合いを連れて来たのだが、最初は話しづらそうにしているところを、古河さんがフォローして話に引き入れてくれたのが本当にありがたかった。これからもぜひ呼んでください」とメールをもらい、大変うれしい気持ちになったものです。

全員が話ができるように目端を利かせて采配を振るのが幹事の重要な役割

エピソード

弘兼さんの絶妙なフォローに大感激

私自身も、人の輪に入れなくて困ったときに助けてもらった経験があります。

あるとき、弘兼憲史さん主催の会に出席することになりました。お誘いを受けたことは大変ありがたかったのですが、その会では私の知っている人が誰もいませんでした。

人見知りの私はその日が近づくにつれて緊張してしまい、できれば逃げ出したいと思うほどでした。

案の定、当日、会が始まっても誰とも話ができず、孤立していました。

そのとき、弘兼さんがその様子を見て、助け船を出してくださったのです。

「古河さんは私と獺祭の桜井会長をつないでくれた人。その縁があったからこそ『獺祭 島耕作』ができたし、いつも予約のとれない店に連れて行ってくれるんですよ」

と私をかなり持ち上げてみなさんに紹介してくれたのです。

そこからみなさんが「なぜ2人を引き合わせたのですか?」「予約のとれない店ってどんな店ですか?」などといろいろ質問攻めにあい、話が非常に盛り上がりました。

弘兼さんのサポートのおかげで人気者になり、楽しく過ごすことができました。

「主催する会のテーマ」は4つある

「主催する会のテーマ」としては、次の4つが考えられます。

会のテーマ 1 共通の趣味の会

音楽、映画、囲碁、俳句、絵画、旅行、DIY、登山、ハイキング、釣り、スキー、カラオケ、歴史など。

会のテーマ 2

食事会・ワイン会他

ワイン、日本酒、チーズ、スイーツ、グルメなど。

会のテーマ 3

勉強会

環境問題・広報（メディア）、特定テーマについての（朝食）勉強会など。

会のテーマ 4

ゆるいつながりの会

テーマは特定せず、いろんなジャンルの方に参加してもらい懇談する会です。

「とくに人を集めやすい」と思うのは、**「食」「ワイン」「音楽」の3つ**です。

これらの分野は愛好家が多く、つながりがつくりやすいからです。また詳しい人も多く、メンター的な役割を期待できる人も多いように思います。

私が現在、主催している会について

次のとおりです（数字は会のテーマ①～④を指します）。

- クラシック音楽を楽しむ会①
- 予約のとれない店での食事会②
- 獺祭と食事をペアリングする会②
- 環境の勉強会③
- 広報関係の勉強会③
- 朝食会（朝活）③
- 名前に「古」が入っている人だけの会④
- ゆるいつながりの会④
- 広島出身者、勤務経験者の会④

おかげさまで、食事会のような席数の決まっている会は案内を出してから数日で満席になります。

この中で、私がいま一番力を注いでいるのが**「ゆるいつながりの会」**です。

この会によって多くのジャンルの異なる方と知り合いになることができました。会の評判もよく、参加者のみなさんが楽しみにしてくれている会です。

ありがたいことに「空きが出たらぜひ呼んでほしい」「次はこういう人を連れてきたいのでお願いします」とみなさんに期待していただいています。

この会の運営方法は、みなさんにもきっと参考にしていただけると思うので、少し詳しく説明します。

【ゆるいつながりの会のやり方】

「ゆるいつながりの会」の運営方法

ゆるいつながりの会は、私を入れて8～10人のメンバーで食事をしながら、自由に議論をする会です。

メンバーは毎回入れ替わります。

参加された方が、その次参加されるときには、自分とは異なる、専門分野の違う人を、ひとり連れてきてもらいます。

こうやって、全員がそれぞれ専門分野の違う人で構成されるようにします。

この会は事前に集まるメンバーを教えません。サプライズで楽しんでもらいます。

異なる価値観や生活スタイルを持つ人が集まる場であり、自分が知らない多様性に富んだ有益な情報をもたらしてくれる場となっています。

ゆるい会のコツ
1
適正人数を呼ぶ

人数は8名から10名までがベストだと思っています。

これを超えると二組に分かれてしまい、それぞれ別々に話を始めてしまうことが多くなります。そうなると、**会の一体感が得られなくなります**。

フランスの政治家で美食家としても知られるブリア＝サヴァランは『美味礼讃』（岩波文庫）で下記のように述べています。

会食者の数は12人を越えないこと。でなければ常にみんなが会話に参加するというわけにはいかない。
だれかを食事に招くということは、その人が自分の家にいる間じゅうその幸福を引き受けるということである。

サヴァランは12人までと言っていますが、**欧米人に比べて大きな声で話さない日本人の場合は10人くらいまでがいいのではないか**と思います。

ゆるい会のコツ 2

司会・進行は最低限で十分

進行は、参加者のほとんどが初対面ですので、まずは自己紹介から始めます。
幹事である私は、みなさんの了解をとって名前と自己紹介の内容をメモしておきます。

「○○さん　商社勤務　台湾に5年赴任して帰国したばかり　食べ歩きが好き　自分でも料理をする　中華料理はほとんどつくれる」
「△△さん　公務員　区役所勤務　クラシック音楽が趣味　コンサートに年間30回行く　DIYも趣味　DIY講座の講師をやったこともある」

などというように、内容をほぼ正確に書き取ります。

「今日はクラシック音楽に興味のある人が多いから、クラシックの話をしようかな」

「食の話がいいかな？」

など、このメモを見ながら、**最初に振る話題**を考えます。

机上でメモをとるのは自己紹介のときのみです。

あとはメモはとりません。幹事が話をメモしていたら、みなさん本音で話をしなくなります。

メモについては、あとの項でも説明します。

自己紹介がひととおり終わると、その自己紹介をもとにテーマを振ります。

「最近はどんなコンサートにいらっしゃいましたか？」などといった具合です。

みなさんの話が盛り上がる中で、

「この人の話をみんなと共有したい」

「この人の専門の話をみんなに聞いてもらおう」

という話題があれば、折を見て切り出します。

司会・進行というと、「たくさんしゃべらないといけないのではないか」「話術が必要なのではないか」と思われるかもしれませんが、まったくそんなことはありません。**最初の自己紹介とテーマの提示をすれば、あとはみなさんで和やかに話を進めていってくれる**ことがほとんどです。

ゆるい会のコツ 3

サプライズ演出で会を盛り上げる!

会は、たんに楽しくおしゃべりをするというのでもいいのですが、慣れてきたら**「サプライズ演出」**も試みてみましょう。

私がよくやっているのは自己紹介にあわせてコメントしてもらう**「ハラハラ、ドキドキ自己開示話法」**です。

自己紹介のときにあわせて「この半年で、プライベートなことで一番ハラハラ、ドキドキしたことは何か」を発言してもらうのです。

あるいは**「この1年で一番感動したことは何ですか?」**という題もよく出します。これは**ビックリするほど盛り上がります**。初対面の人が多くて最初はぎこちない雰囲気であったとしても、**あっという間にみなさん距離が縮まって打ち解け、一体感が出ます**。

これは、心理学でいう、「自己開示」のようなものです。自身のプライベートな情報を相手に明らかにし、相手も同様な開示をすることにより、相手との距離感が縮まり、打ち解けやすくなるという効果です。

この話題のコツは、**まず自分が最初に発言する**ことです。できれば失敗談や笑いのとれるエピソードがベストです。

あらかじめネタを用意しておいて披露するといいでしょう。すると続いて「自分はこんな体験をした」と笑いを誘う話をする人が出てきて盛り上がります。

みなさんの発表の中で面白いもの、沸いたネタがあれば、「それについてもう少し詳しく聞きたいな」と質問をして詳細を述べてもらい、みんなで盛り上がることもあります。

メンバーの中に専門家がいれば、先にレクチャー的な話をしてもらい、そのうえでみんなで議論をします。

まったく違う分野の人から、意外な質問や意見が出たりするもので、いつもビックリするぐらい盛り上がります。

先だっての会では、たまたま音楽評論家の方が来てくださったので、クラシック音楽を議論のテーマにしたのですが、これも非常に楽しかったです。

ものすごく頭が切れて、かなりお堅いイメージの官僚の方が「僕はクラシックは詳しくなくて、プログレッシブ・ロックが大好きで……」と言い出して、そのギャップに「えっ」と、みんなで驚いたり（プログレッシブ・ロックとはピンク・フロイドに代表されるような前衛的なロックのことです）。

かと思えば医学部の教授が、音楽の力でストレスや痛みを緩和したりリハビリに活用する「音楽療法」の話を始めたりと、話題がもう無限大に広がっていくわけです。

これぞ**「全員が専門の違う人」の集まりの醍醐味**です。

この「ゆるいつながりの会」から意外な人たちが意気投合して新しいつながりができ、時にはビジネスに発展することもあります。

エピソード

目からウロコ！ 知らなかった世界が広がる

「ゆるいつながりの会」は毎回、新しい人とのすばらしい出会いがあります。

先だっては、元パラリンピックの選手がいらしたので、その方の話をみんなで興味深く伺いました。

パラリンピックもいまはかなり盛り上がっていて、日本の選手の活躍も目覚ましいものがありますよね。

ところがなんと、前回の東京パラリンピックまでは遠征費は自分で出すことがほとんどだったというのです。「遠征費は国やスポンサーをしている企業から出ている」とばかり思っていた私はビックリしました。

また多くの人がアルバイトをしながら競技を続けているなど、実情は厳しいものがあるようです。そういう話を聞くと自分のできる範囲で応援しようとか、いろいろ考えます。あるいは別の日には「デザイン経営」をされている人の話を伺って、これもとても面白かったです。デザイン経営とは、デザインの力で企業価値を向上させたり、ブランディングに用いたりすることです。「デザイン」とは、絵を描いたり工芸品をつくったりすることだけではないのです。

たとえば人の話をわかりやすく図形にするなど視覚化したり、日用品を便利に活用できるように設計することも「デザイン」です。

つまり、企業のメッセージやブランド戦略、商品、ステートメント、すべてに、「デザイン」という視点を取り入れることが「デザイン経営」なのです。

毎回驚くような新しい発見があり、見聞が広がっていくのが楽しみです。

イノベーションは「ゆるいつながり」から生み出される

近年**「ウィーク・タイ（ゆるいつながり）」**という言葉をよく耳にします。

ウィーク・タイとは、アメリカの社会学者マーク・グラノヴェッターが発表した理論「弱い紐帯の強み（The strength of weak ties）」から出た言葉です。

この理論は**「新規性の高い価値ある情報は、知り合いの知り合い、ちょっとした知り合いなどつながりの弱い人（弱い紐帯）からもたらされる可能性が高い」**というものです。

新しいアイデアは異能の人、異業種の人と話しているときにこそ浮かんでくるものです。

同じ会社の人だとどうしても同じ傾向・同じ発想になりがちで、新しいアイデアが浮かびづらいのです。

ジャンルが違うと、考えていること、発想方法も全然違うから、それだけでも刺激を受けます。

最近よく「コラボ」という言葉を聞きますが、これも性質の違う者同士をカップリングすることで新しいものが生まれるというものです。
だから**「ゆるいつながり」を保つことは、とても大事なこと**です。

【解散・次回への準備】

会の最中から次回の準備が始まる

どの会においても、**会の最中から「次の会への準備」を意識**します。

会が大いに盛り上がり、終了時刻に近づいたら、**次回の開催日を決めてしまいましょう。**

もちろん、参加者全員に出席を強制というわけではなく、「次回は○月○日に開催するので、ご都合よろしければご参加ください」という形にします。開催日が近づいたら改めて案内を出します。

さらに、**その場で店の予約も入れてしまいます。**これをやると本当にラクだし、お店の人も喜んでくれます。

「次回開催日」「店の予約」の2点を決めてしまうことが、会を存続させる最大のコツと言ってもいいと思います。

解散・二次会について

私の主催する会では、**店の前で解散する**ことにしています。行きたい人がいたら、その人たちだけで行ってもらうようにしています。**二次会は企画しません**。

二次会をやらないのは、とくに深い理由はありません。コロナ以前は最初からバーなどを設定していたこともありましたが、コロナ後になって自然とやらなくなりました。前述のように、「ちょっと話し足りないな」というぐらいが余韻が残ってちょうどいいように思います。

店の前でみなさんを送り出したあと、私は店に戻ります。ここで**やることがある**のです。

まず**メモ**です。

気になったことを中心にメモします。各々の人がどんな話をしたかを残します。もちろん、店の人に断って、片付けが始まっているようなら迷惑にならない場所でやります。

もうひとつは**次回に向けた店主との打ち合わせ**です。

今日のどんな料理がよかったとか、どういうサービスがありがたかったかなどを話したうえで、次回変更してもらいたい点があれば、それを伝えます。

ここで、**店主とコミュニケーションをとることも大事なポイント**です。

幹事は解散のあと、店に戻る！

お礼メールとフィードバック

翌日、参加者へのお礼のメールを出します。必ずしも翌日でなくてもいいのですが、なるべく早く出すことが肝要です。

内容はお礼を述べるとともに、当日の会がどうだったかという感想、次回に向けての要望を聞きます。

この**「参加者からの評価」を私は非常に重視**しています。

「この点の配慮がよかった」

「この人数が一番いい」

など参加者からの意見をもとに会をつくり上げていく感じです。

「ここはこうしてほしい」

「こういうサービスがあればよかった」

という意見をいただいたら、次回の会合で対応します。

意見をしてくれた人には、次回の案内を送る際に、その指摘を採用した旨を追記します。

取り残された人は特別にフォローするケースも

そして、ここでもうひとつ、重要なことがあります。

会の中であまり話さなかった人、取り残されてしまった人に対するフォローです。

もちろん前述のように、まずは取り残される人を出さないことが大事で、会の最中にも話の輪に入れるように誘導します。

しかし、それでもやはり口数の少ない人、少々取り残され気味になる人が出てきてしまうことがあります。

そういう方には特別に**「次回はどんな話が聞きたいか、どんな話をしてもらえるか」**を聞きます。

そして、**次の会ではその人の提案されたテーマを真っ先に取り上げる**などします。

あるいはその人が自己紹介で話していた趣味や好きなこと、あるいは専門分野を挙げて、

「次回はこれについてお話を伺いたいです」

「次回いらっしゃったときにその話をしていただけると、みんな盛り上がると思います」

などと書き添えることもあります。

「出てみたけど話ができなくて面白くなかった」という人が出ないように、フォローは大事です。

会の最中にあまり話さなかった人に対しては特別にフォローしておく

コラム

人脈を広げるための最強メモ術

私は忘れっぽいタイプなこともあって、人の情報をストックしておくためにメモを最大限に活用します。

相手の趣味、関心のあること、最近読んだ本、見た映画など、相手に関する情報、「これは覚えておいたほうがいいな」という耳寄りな話などもメモをとります。

こうやってメモしておけば次に相手に会ったときに、

「京都に旅行に行くとおっしゃっていましたがいかがでしたか?」

「最近見た映画は何かありますか?」

などと、相手の趣味や関心事に合わせて会話ができます。また「前回のあの話は大変参考になった」などと言うと、相手はとても喜んでくれます。

このメモですが、いつでもどこでもとるわけではありません。

人の主催する会に呼ばれていったときやパーティーで、メモを片手に会話をしていたら、ちょっと怪しい人ですよね。あるいは1対1の対面で会っているとき、相手が逐一話のメモをとりはじめたら、ちょっと引きますよね。

このようにメモをとれる環境ではないが「この話はメモしておきたい」というときは、トイレに立ったとき、または帰り際の地下鉄のベンチで書き留めたりします。

あるいは、そのキーワードを忘れないように何度も繰り返して記憶にとどめるということもやっています。

たとえば相手の方の出身が広島だという話が出たら、忘れないように、

「広島なのですね」

「広島でおいしいお店はどこですか」

「広島で有名なところはどこがありますか」

「広島の有名人は誰ですか」

などと繰り返し「広島」という言葉を使うのです。

そうすると、その人が記憶に残りやすいです。

これは「名前を忘れないコツ」と同じで、「音声」にすることがポイントのような気がしています。

【隠れた重要ポイント！「お金」の話】

「料金一律・先払い」がラク

気持ちよく会を開催するうえで、会計も大事なポイントとなります。

わかりやすいのは「飲み放題」で「コース料理」にしてしまうことです。

これだと、**料金は決まっていますから、案内に告知**できます。入り口で来た順から先に支払いを済ませてもらえば、幹事の負担はずいぶん軽くなります。

領収書が欲しい人も、その場で対応してもらいます。

領収書は「この名前で書いてください」と人前で言うのがためらわれる場合もあります。それも入り口で済ませてしまえば安心です。

料金が決まっていれば「頼みすぎたから予算オーバーでは？」などと余計な気をもむこともありません。

支払いは「飲み放題」「コース」が一番ラク

一律でない場合は、頭数で割って「割り勘」

料金が一律でない場合は、**「全体にかかった料金」を頭数で割って払ってもらいます**。

一人ひとりに対しては「この人はビールを2杯」「この人はビール1杯とウイスキー3杯」などといちいち計算するのはお店の人も大変なので、そこはもう割り切って**頭数で割**

るのがおすすめです。

私の場合は、各自で店に対して支払ってもらいます。

人数が少なければ、頭数で割らないで各自が飲食した分を一人ひとり計算してもいいのですが、人が多いとお店の人も大変です。

いずれにしても、幹事がお金をとりまとめるのは避けます。

ただ、ゲストを呼ぶときは、ゲスト以外の人数で頭割りにしますから、私がまとめて払って集金することになります。

この支払いについても、事前に店と相談しておきましょう。

「一人ひとり払うのではなくまとめて勘定してくれ」という店もあるので注意が必要です。

そういう意味でも、融通を利かせてくれる「行きつけの店」をつくることは大事だと思います。

お酒を飲まない人は……?

料金均一にしても割り勘にするにしても、**お酒を飲まない人はどうするのか**という問題があります。

これはもう**お酒を飲まない人であっても、飲む人と同じと考えて、料金は頭割り**にしてもらっています。

ポイントは**会の案内をするときに「お酒を飲まれない方も割り勘とさせていただきます」と通知しておくこと**です。

あらかじめ納得して参加してくれるので、トラブルになることはほとんどありません。

支払いは先に通知しておく

支払いについては、最初に通知しておくことが望ましいです。

「税・ドリンク込み6000円です。できるだけおつりがないようにご用意ください」

「頭数で割って割り勘とさせていただきます。6000〜7000円と思われます」

といったように。料金が決まっていない場合でも、**「このぐらいを目安に」という数字を提示してあげると親切**です。

それから**「当日欠席された人は後日振り込みをお願いします」というキャンセルポリシーを必ず書き添えておきます**。これは重要です。

いずれにしても**会計で嫌な思いをしてしまうと、会のイメージ全体がダウンしかねない**ので、**できるだけスマートに済ませるようにしっかりシミュレーション・準備をする**ことが大事です。

幹事が多く負担するのはNG

この会計なのですが、**「予算をオーバーした分は自分が出せばいい」「当日欠席した人の分を自分が出す」**という幹事が結構いるのです。

もちろん、そういう人は純粋な思いからされているのだと思いますが、**主催者・幹事はボランティアではありません。自分が主催する会で自分が一番多く出すのは、やっぱり違う**と思うのです。

みなさんに「悪い」と思わず、堂々と頭割り、割り勘でいいのです。

エピソード

平等な割り勘で「仲間意識」が育つ

私がこの「割り勘」を納得したのは、先に書いた合唱団でのことです。

この合唱団は政治家、経営者、文化人や芸術家など各界のそうそうたるメンバーがずらりとそろっているすごい団体でした。

ところがこの**合唱団で食事に行くと、「5円単位」まで割り勘で払う**のです。5円単位で集めると最後はおつりが数円出ますよね。そうすると、みんなでじゃんけんをして勝った人がもらうのです。

「たぶんこの人は自分の年収の10倍は稼いでいるだろうな」という人でも、「ここは俺が出すから」とは絶対言わない。

でも、それが**すがすがしいというか、気持ちがよかった**のです。

なぜならば、**全員が割り勘で同じ額を払うことで「仲間意識」が持てる**からです。

状況にもよるでしょうが、**お金を持っている人が「俺が払う」とやってしまうと、そこに微妙な上下関係が生まれてしまう**気がします。

だから、みんなフラットな並びの仲間として、気持ちよく割り勘というのが一番いいのだと学びました。

そして、これも経験的に体得したことですが、**割り勘のほうが人間関係が絶対に長く続きます**。

もっとも、どんなときでも必ず割り勘と決めているわけではなく、たとえば年齢が離れている人、若い人との食事ではこちらが払うこともあります。

どんなにお金持ち、社会的地位のある人がいても、「全員等しく割り勘」にする

【ありがちなトラブルと対処法】

雰囲気が悪い、自分の話ばかりする

会が大きくなってくると、なかには勝手な行動をする人や、会にそぐわない行動をとる人も出てきます。

最近の私の会はみなさん社会経験を積んだ、見識の高い人ばかりが来てくださるのでトラブルはほとんどありませんが、かつては「扱いに困る人」もいました。飲みすぎて前後不覚になった人を担いで帰ったことも一度や二度ではありません。

ただ、これはもうトレードオフとして仕方がない部分もあるので、ある程度は容認します。

ただ、ひとつあるのは**「会をよりよくしよう」という思いに共感してくれない人は遠慮してもらう**ようにしています。

「勝手な行動」としてよくあるのが、**自分の話・自分の得意分野の話ばかりする、自慢ばかりする**ことです。

こういう人がひとりいると、全然話のできていない人、話についていけない人が出てきてしまい、雰囲気が悪くなります。

その場合は先に述べた話と同じで、ある程度のところ、話が一段落したところでカットインして、

「ところで、○○さん、最近やっているという××の話、ちょっと聞きたいな」

と話を切り替えてしまいます。190ページで述べた要領で、その前の話と全然関係なくても、ちょっと強引にでもやります。

人の話をさえぎるのは最初は抵抗感があったのですが、それも幹事の仕事と割り切ります。

でも、これをやると、後日次のような反応があります。

「あの方、あまり話してなかったので、振ってよかったですね」

「あの人の自慢話が長かったから、途中で止めてくれてよかった」

など、「みんなも同じように思ってくれているんだな」と思うと意を強くします。

それと自分の話が多いといっても、本人も決して悪気があってしていることではないので、「あっ、自分はしゃべりすぎたのだな」と理解して、その後は慎んでくれることも多いものです。

話の長い人、自慢ばかりする人の話は、少々強引にでもさえぎって別の話題に持っていく

議論が白熱して「言い合い」が起こるときは？

それと、これもありがちといえばありがちなのですが、**議論が白熱して、ちょっと言い合いになるようなこと**も起こります。お酒が入っていると余計気が大きくなってしまう部分があるのかもしれません。

そういう場合も、**割って入ることにしています**。「この場はみんなで話をする場だから、ちょっとごめんなさい」と言ってさえぎって、「ところで、○○さん、いまやっている△△について話してもらっていいですか」と強引に話題を変えます。

じつはちょっと前もこのようなことがあったのですが、そのときは終わったあと、本人から「言いすぎてしまった、申し訳なかった」というメールが来ました。

みんなが気持ちよく楽しんでくれるよう配慮して、誰もが「この会にふさわしいと思う人を連れて来よう」と思える雰囲気をつくることが幹事の一番大事な仕事だと思っています。

第6章

「内向型の人」でも会話が盛り上がる！あっという間に打ち解けられる！「スゴい超会話術」

【内向型人間でも大丈夫！ 会食で使える会話術】

最初は私も全然話ができなかった

内向型タイプは、自分で**「会話が苦手」「人とうまくしゃべれない」という苦手意識を持っている人が多い**と思います。

私自身、会話には非常に苦労しました。

初対面の人との会話は、いまでも苦手です。

もうひとつ内向型が苦手なのは、**何人かで会話をするとき、話に入っていくこと**です。

「こういうことを言おう」と思ってもタイミングを失い、結局しゃべれない。

「古河さんはどうですか？」と聞かれれば答えられるのですが、みなさんで議論が白熱しているときに上手にカットインして発言することができないのです。

「あの話がしたかったのに、結局話せなかった」と後悔しながら帰ったことが何度もあります。

このような私ですから、いまも決して会話の達人ではありません。

大事なことは「経験と努力」

内向型人間の会話術をまとめると**「訓練」**と**「努力」**だと思います。

前にも触れた、私を著作の中で紹介してくれた岡本純子さんは**「人前で話すのが苦手な人でも訓練次第で必ず上達できる」**と書かれています。**訓練で鍛えることができる**のです。経験は重要です。

では、その訓練はどこですればいいのかということですが、それこそが**「自分で主催する会」**です。

私の場合は50歳から自分の会を始めましたが、最初はほとんど話ができませんでした。

しかし、**幹事をやりながらみなさんの会話を聞いているうちに、少しずつではありますが、話ができるようになってきました。場数を踏むことは大事**です。

そのうえで、私が体得した「内向型人間の会話術」６つのポイントについて説明していきます。

内向型人間の会話術

1

名刺をフックに会話を始める

73ページで書きましたが、**内向型人間の最強のお助けアイテムは名刺**です。相手が興味を持って質問をしたくなるような名刺を持つことがまず大事です。

そして、こちらも相手の名刺をよく見て、会話の端緒とします。よく名刺をもらってすぐにしまってしまう人がいますが、それはもったいないです。

名刺に書かれていることだけでも、かなりの情報が得られます。

名刺を読み解くだけで、

「東日本橋駅に会社があるのですね。近くに、おいしい中華料理店がありますよ」

「PR戦略室って、どういうことをやっていらっしゃる部署なんですか」

など、スムーズに会話を始めることができます。

相手の名刺から読み取れる情報を最大限に活用！

内向型人間の会話術

2 相手に興味を示し、相手の話を聞く

本書で何度となく説明してきたことですが、どんな人であっても**自分に興味を持ってもらえるとうれしいもの**です。

相手に対して自分が関心を持っていることを伝えることで、距離感を縮めることができるのです。

そのためにも積極的に相手に質問をして、話をしてもらうことです。

会話術の本などでは**相手に8～9割方、話してもらって自分の話は1～2割にとどめる**とありますが、まさに私もそれを実行します。

質問といっても難しいことを聞く必要はなく、**「出身地」「居住地」「趣味」「仕事内容」「専門分野」「過去の勤務地」**などでいいのです。もちろんあまりプライベートなことや、相手が触れてほしくなさそうなことには深入りをしません。

たとえば、相手が「映画が趣味です」ということなら、

「最近はどんな映画を見ましたか？」

「いつから映画にハマったのですか？」

などと**深掘りをしていくと、リアルにその人の人柄などがどんどんわかってきます**。
誰でも**承認欲求**というものがあります。
自分の話が十分にできると、承認欲求が満たされ、こちらに好意を持ってもらうこともできます。

> できるだけ質問をして相手に話してもらい、情報を得る

内向型人間の会話術 3

共通点を探る

次に相手と自分の共通点を探ります。

「内向型人間の会話術②」で相手に質問をして答えてもらう中で、共通の趣味があったり、同じ地方に住んでいたことがあったり、**何らかの共通点があればそこをピンポイントに広げていく**ことができます。

あとは、**できるだけ共通の知り合いを探そうとします**。

共通の知り合いがいれば、その人と自分とのエピソードを披露するなどすると相手に親近感を持ってもらえます。

もちろんその共通の知人を下げるようなエピソードはNGで、「遅くまで飲んで泥酔してアパートまで担いで帰った」ぐらいの微笑ましい話がいいと思います。

あるいは**相手と共通の知人が知り合ったきっかけを聞くと、それはそれでまた話が広がっていく**ものです。

そこで話が盛り上がったら89ページの「3人会」を開くという話に発展する場合もあります。

内向型人間の会話術 4

話が途切れたとき、沈黙が続いたとき

相手と話しはじめても会話が続かないという悩みは、内向型人間にとってはありがちかもしれません。

そんなときも、**やっぱりお助けは「質問」**です。

相手に話をしてもらい、「聞き役」に徹すれば、話題に困ることもありません。

そこでのコツは**質問をしたら、一問一答で終わるのではなく「深掘り・横展開」していく**ことだと思います。

会話が続かないという人は「一問一答」になっていないか、チェックしてみてください。

あるいは、最近聞いた面白い話（あるある話）を3つぐらい用意しておいて沈黙が続いたときに、その話を提供することで話を盛り上げるのもいい作戦です。

あとは話が途切れてもあまり気にしないことも大事だと思います。「途切れてもいい」と開き直れば、気がラクになります。

人脈づくりのコツ

話が途切れても気にしない！

内向型人間の会話術 5

「リフレクティブ・リスニング」を取り入れてみる

「リフレクティブ・リスニング」とは相手の言ったことをそのまま反射的に返すことです。相手が「○○なんだよ」と言えば、こちらも「○○なんですか！　すごいですね！」と返します。

これをやると相手は自分の話をちゃんと聞いてくれている、共感してくれていると感じて親しみを持ってくれるという効果をもたらし、会話が弾みます。

こちらからの話題提供に困ったときには最適です。

慣れたら、そのまま返すだけでなく、自分の聞きたいことを添えると、相手はさらに好反応になります。

内向型人間の会話術

6 徹底的にモニタリング＆コピーする

内向型人間にありがちなのは、次の2点ではないかと思います。

①最初の世間話が苦手
②関心のないテーマでは何を話していいかわからない、場違いな話ではないかと思い会話に入ることができない

そのために、知らない人と会うことや知らない人たちの集まりに参加することに強い抵抗感を持ってしまうのではないでしょうか。

一方、外向型人間は①②に苦手意識がなく、自然体で話をしています。みなさんのまわりにも、こういう人がいるのではないでしょうか。

そのような人がいたら、まずは**話し方を「観察」（モニタリング）してみましょう。**

「どんな世間話から入っているか」
「なぜその話題を選んだのか」
「周囲の人はそれに対してどんな反応を示したか」

内向型人間は集中力があるので、細かく分析できると思います。

だいたいは、いい意味で**「たいした話」はしていない**のです。

どこにでもあるような、ちょっとした話で盛り上がっているだけです。それがわかるだけでも気がラクになりませんか？

それから、外向的な人が**会話が途切れた場合に、どのように切り返すか、その方法も同様に観察**してみます。

これも観察していると、**たいてい自分の得意な分野にうまく話を持っていっている**ことが多いとわかります。

「なるほど、そんな感じでいいんだな」と、これもちょっと安心するものです。

モニタリングが終わったら、今度は「真似」（コピー）です。

モニタリングした相手の会話の仕方、話題提供のやり方をマネしてみましょう。なんなら話し方もマネします。

これをすることで、自分の抑制的な気持ち（こんな話をしても人は喜ばないのでは）を振り切ることができます。

この**「モニタリング&コピー」を慣れるまで何回もやってみると、いつの間にか自分のスタイルになっていきます。**

会の幹事になったときなどは、**「モニタリング&コピー」で得た話術を発揮する絶好の場**です。

また、**内向的なタイプは、自分がリラックスできる場で力を発揮できる**ものです。

自分が会の幹事になったときは、自分が使い慣れた気の置けないホームグラウンドの店を選ぶことが肝要です。

ただ、**店主が自分にフレンドリーな対応をすると相手の気を悪くする場合がある**ので、予約の際には「はじめて食事する相手なので、つかず離れずの応対をしてほしい」と告げておきましょう。

会話については「最初に話す世間話」「話が途切れた場合用」「雑談用」の話題を3つ程度、前もって準備しておくといいと思います。

どれも自分の得意な、好きな分野がいいでしょう。あるいは最近聞いた話で面白かった話題もよいと思います。

自分の得意な、好きな分野の雑談をして、相手に興味を示してもらえれば、しめたものです。

内向型は、得意な分野の話はストレスなく話ができるからです。

外向型の人の話術を徹底的に観察してマネをしてみる！

特別付録①

好感度が爆上がりする！ 最高の手土産

高級な店でご馳走になるとき、自宅に招待されるとき、仕事で大変お世話になった人に渡すときなど、特別なシーンには手土産が欠かせません。

手土産というほどではありませんが、定期的に開催する食事会にも、盛り上げるためにちょっとした品を用意することもあります。

自分で言うのもなんですが、**私の手土産はすこぶる評判がよく、本当に喜んでもらえるし、「どこで手に入るのか」とよく尋ねられます。**

手土産はそれ自体、会話のきっかけになるし、その場を盛り上げる小道具にもなります。

手土産を上手に活用して、人脈づくりに役立てていただければと思います。

特別な会食（記念日など）のちょっと特別な手土産

お祝いや記念日など、特別な会食の際などに持っていく、スペシャルな手土産です。

「江戸時代から３００年続く店の手づくりのお箸です」
「日本酒とワインでつくられた金平糖なんです」
など、**ちょっとしたストーリーが語れるもの**を持っていくようにしています。

「中島」の箸

東京・月島にある、江戸時代から３００年近く続く店の手づくりの箸。手づくりの八角形の箸なのですが、驚くほど使いやすく、見た目も美しいお箸です。

「緑寿庵清水」の金平糖

日本で唯一の手づくりの金平糖専門店。お茶の金平糖、チョコレートの金平糖、さくらんぼの金平糖など、上品で美しい金平糖がいろいろあります。入手困難品の日本酒の金平糖、ワインでつくられた金平糖を、ここぞというときに持っていきます。

「銀座しのはら」の西京焼き

手土産ではありませんが、最近、渡して一番喜んでいただいたプレゼントです。

「銀座しのはら」は「予約は半年先から」という都内でも屈指の予約困難な和食の名店です。この店の人気メニュー「西京焼き」（4種類）が「ぐるなびプレミアムミールキット」として発売されています。昇格祝い、還暦祝いなど特別なタイミングでご自宅にお送りすると、あの「しのはら」の味を家族で楽しめるなんてと、非常に感激されます。

ちなみに「ぐるなびプレミアムミールキット」は、全国の「まさかあの店が」というような有名店の逸品がそろっていて、何を選んでも間違いなく喜んでもらえます。

接待される会食、お世話になったお礼として渡す手土産

ちょっとしたお礼をしたいとき、自分が招待されてご馳走になるときによく持っていくお土産です。

おいしくて、なおかつ見た目が美しいもの、自分ではわざわざ買わないようなものを選

んでいます。

「アトリエうかい」のクッキー缶

開けたときに「わぁ」と歓声が上がるような、華やかなクッキー缶。とくに女性に喜ばれます。

「GIN NO MORI（銀の森）」のクッキー缶

木の実、ドライフルーツなど、森でとれる食材をふんだんに使用したクッキー。宝石箱のように美しく、特別感があります。

「銀座ハプスブルク・ファイルヒェン」のクッキーの詰め合わせ

ハプスブルク・ファイルヒェンは日本人で唯一の「オーストリア国家公認キュッヘン（料理）マイスター」である神田真吾シェフの店。店もランチミーティングでよく使いますが、ここのクッキーもまたすばらしい味です。

「資生堂パーラー」

手ごろでかつ、きちんと感があり、万人受けします。

詰め合わせがいろいろあるので、どんな場合にも対応可能なのがいいところ。カラフルな箱や包装紙も目を引きます。

「新宿中村屋」の「恋と革命のスパイスクッキー缶」

中村屋のカリーに使用されているスパイスなどを使用した6種のクッキー詰め合わせです。お酒のつまみとしても楽しめるクッキーです。

辛党の人、甘いお菓子のもらいものばかりで飽き飽きしているような人には喜ばれると思います。

「ラベイユ」のはちみつ詰め合わせ

専門店のはちみつ詰め合わせです。

はちみつは健康的なイメージがあるし、高級はちみつをわざわざ自分で買うことは少ないこともあり、とても喜ばれます。

「新正堂」の「切腹最中」

最中のお腹にたっぷりの餡が詰まっていて、ちょうど切腹しているかのように見えるかわいらしい最中です。

「ちょっとやらかしちゃった」というときのお詫びに持っていく品としても有名です。

「俵屋旅館」の石鹸

京都の老舗旅館が花王と共同開発した、２００種あまりの香りをブレンドした石鹸です。ものすごくいい香りで私も大好きです。

私は京都に行ったときにまとめ買いをしてきますが、オンラインでも買えます。

場を盛り上げるためのちょっとしたお土産

主に自分の会で、**場を盛り上げるために用意するちょっとした手土産**です。

小分けパックのおつまみや駄菓子など、会の終わりに**「ちょっとしたお土産があるのでみなさん選んでください」**と言って出します。

みなさん「どれがいいかな」と真剣に選んで、場がいっきに沸きます。

「麻布かりんと」

麻布十番のかりんとう専門店です。

小分けパックがあるのでよく利用します。「キャラメルバター」「きんぴらごぼう」「ねぎ味噌」「抹茶」などビックリするぐらい、いろいろな種類があります。

「ホタルノヒカリ」のおつまみ各種

ホタルイカの干したものとか、いか天スナックなど懐かしいおつまみを小分けパックでいろいろ売っている店です。

「大当たり」「幸せの黄色い★レモン」「ギャング★スター」など凝ったネーミングがついているのも一興です。

いろんな種類を買っていって、「1人2パックずつ選んでください」と言うと、いいトシのおじさん、社会的地位のある方もうれしそうにニコニコしながら手にとって選んでくれます。

「岡田かめや」

高級お菓子・おつまみ専門店です。

「銀紙に包まれた小粒のチョコ」「パスタを揚げたもの」「ナッツとプチクラッカーの詰め合わせ」など、スナックや飲み屋でよく出てくる昔ながらのおつまみが売られているので、これをいくつかまとめて買っていきます。

小分けの袋を別に用意して、「この袋に好きなものを詰めて持ち帰ってください」とやると、大層盛り上がります。

番外編

オリジナル扇子

自分のオリジナル扇子をつくっておいて、初対面の人などに渡すこともあります。

私の場合は「縁」という言葉を書家に書いてもらって、それをデザインした扇子をつくっています。オリジナルといっても1本800円ほどでつくれました。

「KIZUNA PRODUCER」の名刺とともに扇子の「縁」の説明をすれば、印象に残る可能性が大です。

相手の負担にならない手土産の渡し方

手土産は渡し方も少々難しいものです。

つい「つまらないものですが」「お荷物ですが」などと言ってしまいますが、あまりほめられた渡し方ではありません。

その点、前述の岡本純子さんなどは手土産の選び方、渡し方が本当にスマートだと思います。

麻布に住んでおられるのですが「これは麻布十番でいますごく人気のお菓子なんです」などと、さりげなくその品物をおすすめして渡していらっしゃいます。

受け取る側は「そんな素敵なものをわざわざ用意してくれたんだ」とうれしい気持ちになります。

渡すときは、**受け取る側が負担にならない渡し方**も大事だと思います。

相手に「(あなたが) 召し上がってください」と言って渡すと「いやいや」と恐縮されることがあるけれど、

「会社で部下の方と一緒に食べてください」

「ご家族で食べてください」

「お嬢さんが喜ばれると思いますので」

などと言って渡すと、喜んで受け取ってもらえます。

「みなさんで」というのがポイントだと思います。

特別付録②

予約のとれない店を予約する奥義

「予約のとれない店」の引きの強さ

私の人脈づくりの奥義中の奥義といってもいいのが「予約のとれない店」です。**「予約のとれない店」の予約がとれると、人脈づくりに弾みがつきます。**

たとえば非常に忙しい方、著名な方など、なかなかお誘いしづらい人に対して「あの店の予約がとれたのですが、ご一緒しませんか？」と言うと「ぜひ！」と喜んで飛んできてくれることが多いものです。

あるいは「この人とぜひとも親しくなりたい」というときの**とっておきの切り札**にもなります。

とはいえ、「いますでに大人気で予約のとれない店」はさすがに物理的に予約で埋まっていて、そこを無理にこじ開けてもらうのは、ちょっと難しいと思います。

将来を見越してブレイクしそうな店に集中して通い、店主と親しく気脈を通じる関係になっておくのがいいかと思います。

ブレイクしそうな店は**「店主が若いのに技術がある」「食材の組み合わせが斬新でおいしい」**など、**どこかキラリと光るものがある**ものです。あるいは、食に詳しい評論家はネットなどにいち早く情報を書き込んでいたりします。

軽井沢に予約のとれない超人気店があるのですが、ここもオープンして2〜3カ月で、もう「ここはすごい！」とネットに書き込んでいる評論家がいました。

そういう情報にもアンテナを立てておくことも大事だと思います。

「予約がとれなくなるであろう店」の予約をとる方法

以上を考えると、これから説明するのは「予約がとれない店」の予約をとる方法というより、**「予約のとれなくなるであろう店」の予約をとる方法**ということになるでしょうか。

前述した「行きつけの店のつくり方」にも通ずるものがありますが、さらにコアな方法となります。

とはいっても、**柱はシンプルな１本で、その店の店主（大将・シェフ）と親しくなること**です。

予約のとれない店も、結局は人間関係です。**人間関係があれば、2年待ち、3年待ちという店でも「この日をとっておくね」というように優先的に対応してくれる場合もあります。**「キャンセルが出たから来ませんか」と連絡してくれる店もあります。

いずれにしても、まず1回はなんとかしてその店を訪ねるところから始めます。人に頼んで連れて行ってもらう、人に紹介してもらう、あるいは予約のとれる日を辛抱強く待つなど、なんとかもぐりこみましょう。

そのうえで、次のコツを押さえていきます。

予約のとれない店を予約するコツ

1 料理をほめて「つくり方」を聞く

料理をほめるというのは誰でもすることだと思いますが、**ほめ方にもコツ**があります。

たとえば、お寿司で「このネタすごいね、おいしいね！」と言っても、素材をほめているのであって、大将の腕をほめているのではないわけです。

やっぱり大将は寿司職人として、**ネタを上手に熟成させるとか、絶妙な感じにあぶるとか、いろいろ手間をかけて出してくれる**わけです。

そこをほめると**「この人はわかってくれているな」**と思ってもらえるのです。

さらに**「つくり方」を聞くのもいいアイデア**です。

「この肉はものすごくおいしくてソースがまた絶妙なんだけど、どうやってこういう味を出すの？」

などなど。そうすると、

「いや、じつはこのソースをつくるのに1日がかりなんですよ」

「隠し味にフルーツを3種類入れるんです」

とか、いろいろ教えてくれます。

私も別にグルメでも何でもないのですが、直感で**「このソースは日本酒が入っているんじゃない？」**などと聞くと、「ほう、よくわかりましたね」と話が弾むことがあるし、たとえ違っていても「日本酒じゃないけど、じつは○○を隠し味に使っています」と教えてくれたりすることもあります。

「なるほど、そんな使い方をするとこんな味になるんだ！　これはすごい」と言うと、シェフはパッと顔が輝いて、ものすごくうれしそうにされます。

やっぱり手間がかかるとか、その味を出すのにすごく大変な思いをしたとか、そういう

ことは、つくり手も話したいはずなのです。

職人も人に食べさせるのが楽しみでつくっているわけです。

だから、ただ「おいしい」というだけでなく、**つくり方や味付けに興味を持ってくれるとうれしい**のだと思います。

私は心の底から食べることが大好きなので、ヨイショする気持ちがなくても、おいしいと思うと自然にほめ言葉が出てきます。

予約のとれない店を予約するコツ

2 大将・シェフと個人的に仲良くなる

私は大将・シェフに好感を持つと、何度も同じ店に通いつめます。

そのうち**徐々に個人的な話もするようになり、場合によってはプライベートな相談にものる**ようになっていきます。

あるシェフの子どもが大ケガをしてしまったことがあって、そのときはすばらしく腕がいいことで知られる外科医を紹介したこともあります。

私は**内向型人間ではあるけれど、自分でもおせっかいなほう**だと思います。

「仲良くすれば予約を優先してもらえるだろう」という下心があるわけでもなんでもな

く、自分の人脈を人に紹介するのはいつもやっていることです。もう仲間うちだから、自分ができることはやってあげようという気持ちからです。

でも、それが幾分かであっても役に立って、結果的によくしてもらえるということはあると思います。

予約のとれない店を予約するコツ

3 大将・シェフを分野の違うすごい店に連れ出す

予約のとれない店の大将やシェフ自身は、みんな向上心がすごいです。みんなもれなく他店の味やサービスにも興味を持っています。

だから「行ってみたい店ってある?」「どんな店に行きたい?」と聞けば、

「○○という和食店はイタリアンテイストを入れているらしいから、ぜひ一度行ってみたい」

「○○という店はサービスがすごいと聞くから学びたい」

などと答えが返ってきます。

「じゃあ、その店に今度一緒に行こう!」といって、その店の予約をとって連れ出すのです。

これは、私のまわりで予約のとれない店をいつも予約できている人から学んだことです。

でも、**これぞ奥義中の奥義**というか、ここまですれば人間関係ができて、「予約のとれない店」の店主が予約をとってくれる可能性が高まるはずです。

おわりに

最後まで読んでいただき、ありがとうございました。

本書では、「会食」することで、楽しく、強力な人脈・交友関係を広げていく方法を書いてきました。

そのキーは**「食事会で幹事をやる」「自分の会を持つ」「会食の目的に適した店を選ぶ」**です。

本書では、自分の実践していることを余すことなく披露しています。

「なんだこんな（簡単な）ことか」「面倒くさいだけじゃないか」と思われる方も多いでしょう。

でも、これを**やりきること、長く継続することで、まったく違う世界が開けてきます。**

書いてきたように、**私は典型的な「内向型人間」**だと思います。

40歳のとき、オフィスの自分の机に、**「毎月2名の新しい人脈をつくる」**と書いた名刺サイズの紙を貼り付けました。

自分の決意を示すように、あえてほかの人の目にも留まる位置に貼りました。

それでも、当時はなかなか目標が達成できませんでした（その紙は、いまでも大事に保管しています）。

そんな自分が、いまでは毎月、当時の目標の20倍以上の人と会っています。

また、**「スーパーコネクター」**と呼ばれ、**人と人をつなぐことが生きがい**にまでなっています。

「人間は変われます」

強い信念と決意を持って、自分の好きなことをフックにして、一歩、踏み出してみましょう。

少し時間はかかるかもしれませんが、その先には、思いもしない世界が広がるはずです。

「KIZUNA PRODUCER」

人が出会い、才能が出合い、アイデアが出合う。そんな価値ある出会いをつくるのが自分の生きがいです。

コロナ禍の大変な時期を経たことで、「出会い」の価値はいっそう大きくなったと思います。

これからも、うれしくなるような人と人との出会いをどんどんつくりたいと思います。

本書を書くことで、いままでどれほど多くの方に支えられてきたかを振り返ることができました。

改めて、お礼を申し上げたいと思います。

また、本書を出すきっかけをいただき、編集に多大な時間を費やしていただいた編集長の中里有吾さん、企画・編集・校正で長時間ご尽力いただいたフリーランスの高橋扶美さんに心から御礼を申し上げたいと思います。

そして、何よりも、連日の会食に快く送り出してくれる妻に、一番の感謝の言葉を送ります。彼女の理解があればこそと思っています。

2024年11月

古河 久人

【著者紹介】

古河久人（こがわ　ひさと）

KIZUNA PRODUCER。連日開催する食事会・勉強会を通じて「人と人をつなげて」出会いを演出する「スーパーコネクター」。

1959年生まれ。広島県出身。東京大学経済学部卒業。1981年住友生命保険相互会社に入社、主に管理部門に従事、執行役常務を経て2021年退社。

40代から「人と人をつなぐこと」の楽しさを知り、人脈活動（人活）を開始。自他ともに認める「内向型人間」にもかかわらず、「食」を介することで政財界、学界、文化界、芸能界、スポーツ界と、「各界につながっていない人はいない」といわれるほどの人脈を築く。

日常的に開催する食事会以外にも、8つを超える勉強会・懇談会を自ら主催し、現在においても加速度的に人脈が広がっている。

2021年に退社したのちも、人脈活動でつながった人からのオファーで、50以上の団体・企業のアドバイザー、顧問、社外取締役、理事などを務め、会社員時代より多忙を極める。

食通としても知られ、国内外のあらゆる店に通っている。一緒に食事をした人の数は25年間で累計2万人、この半年間ではじめて食事をした人は150人。年間800人と会食を行い、月平均5～10回開催する食事会はいつも数日で満席に。

本書が初めての著作となる。


「最高のビジネス人脈」が作れる食事の戦略

2024年12月10日発行

著　者――古河久人
発行者――田北浩章
発行所――東洋経済新報社
〒103-8345　東京都中央区日本橋本石町 1-2-1
電話＝東洋経済コールセンター　03(6386)1040
https://toyokeizai.net/

装　丁…………井上新八
イラスト…………上田惣子
D T P…………アイランドコレクション
編集協力………高橋扶美
編集アシスト……冨永香織
印　刷…………ベクトル印刷
製　本…………藤田製本
校　正…………加藤義廣／佐藤真由美
編集担当………中里有吾

Printed in Japan　ISBN 978-4-492-04781-1